THE 京阪電鉄

広岡友紀 著

彩流社

Contents

京阪電鉄の路線

▲帰宅ラッシュ時の車両は多くの人で混雑している。

京阪の走る風景 1

木津川

京阪電鉄路線図

駅 複々線 複線 単線 トンネル
軌間1435㎜
駅 複線 単線 トンネル JR線
私鉄路線
その他軌道
新幹線
高速・有料道路
国道
0 10km
京都府
大阪府
滋賀県
奈良県
琵琶湖
京阪本線
鴨東線
石山坂本線
京津線
宇治線
交野線
中之島線
鋼索線
（男山ケーブル）
出町柳
神宮丸太町
三条
祇園四条
清水五条
七条
東福寺
鳥羽街道
伏見稲荷
深草
藤森
墨染
丹波橋
伏見桃山
中書島
淀
八幡市
橋本
樟葉
牧野
御殿山
枚方市
枚方公園
光善寺
香里園
寝屋川市
萱島
大和田
古川橋
門真市
西三荘
守口市
土居
滝井
千林
森小路
関目
野江
京橋
天満橋
北浜
淀屋橋
なにわ橋
大江橋
渡辺橋
中之島
男山山上
宮之阪
星ケ丘
村野
郡津
交野市
河内森
私市
観月橋
桃山南口
六地蔵
木幡
黄檗
三室戸
宇治
御陵
京阪山科
四宮
追分
大谷
上栄町
浜大津
坂本
松ノ馬場
穴太
滋賀里
南滋賀
近江神宮前
皇子山
別所
三井寺
島ノ関
石場
京阪膳所
錦
膳所本町
中ノ庄
瓦ケ浜
粟津
京阪石山
唐橋前
石山寺

列車種別と停車駅

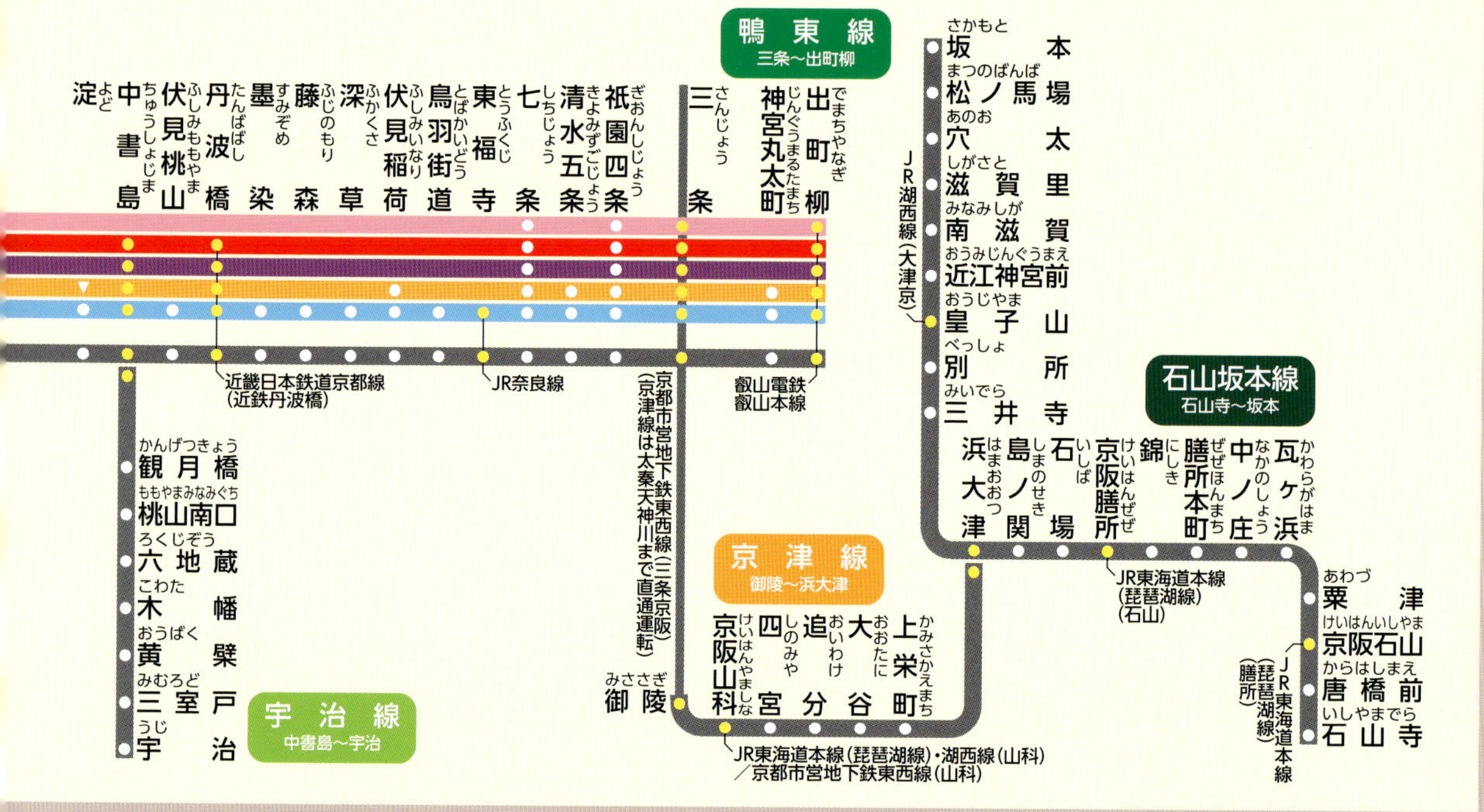

▲木をふんだんに使った温かみのある構内は、中之島線全駅に共通する。

▲京阪最大の乗降客数の駅。

インターアーバンだけではない 色々な顔を持つ京阪電車

関西大手民鉄の一員である京阪電気鉄道（以下、京阪電鉄または京阪という）は、商都大阪と古都京都を結ぶ京阪本線を中心にして、いくつかの支線で構成され、その勢力圏は滋賀県にまでおよんでいる。

京阪間においては淀川左岸をそのテリトリーとし、同右岸を走る阪急京都線、JR西日本・東海道線とライバル視されやすいが、実際にはそれぞれ独立した営業圏を有し、必ずしも競合しているわけではない。

競合の度合いが阪神間とくらべて緩やかといえよう。淀川の存在が右岸と左岸の文化圏を画然と分けており、このことに起因してかつての新京阪鉄道（現在の阪急京都線）が戦後の企業分離の際に京阪神急行電鉄（現在の阪急電鉄）にそのまま引き継がれることになった。このことについては後章で記す。

京阪電鉄の営業キロ数は91・1キロであり、京阪本線49・3キロ、鴨東《おうとう》線2・3キロ、中之島線3・0キロ、宇治線7・6キロ、交野《かたの》線6・9キロ、京津《けいしん》線7・5キロ、石山坂本《いしやまさかもと》線14・1キロと、鋼索線0・4キロである。

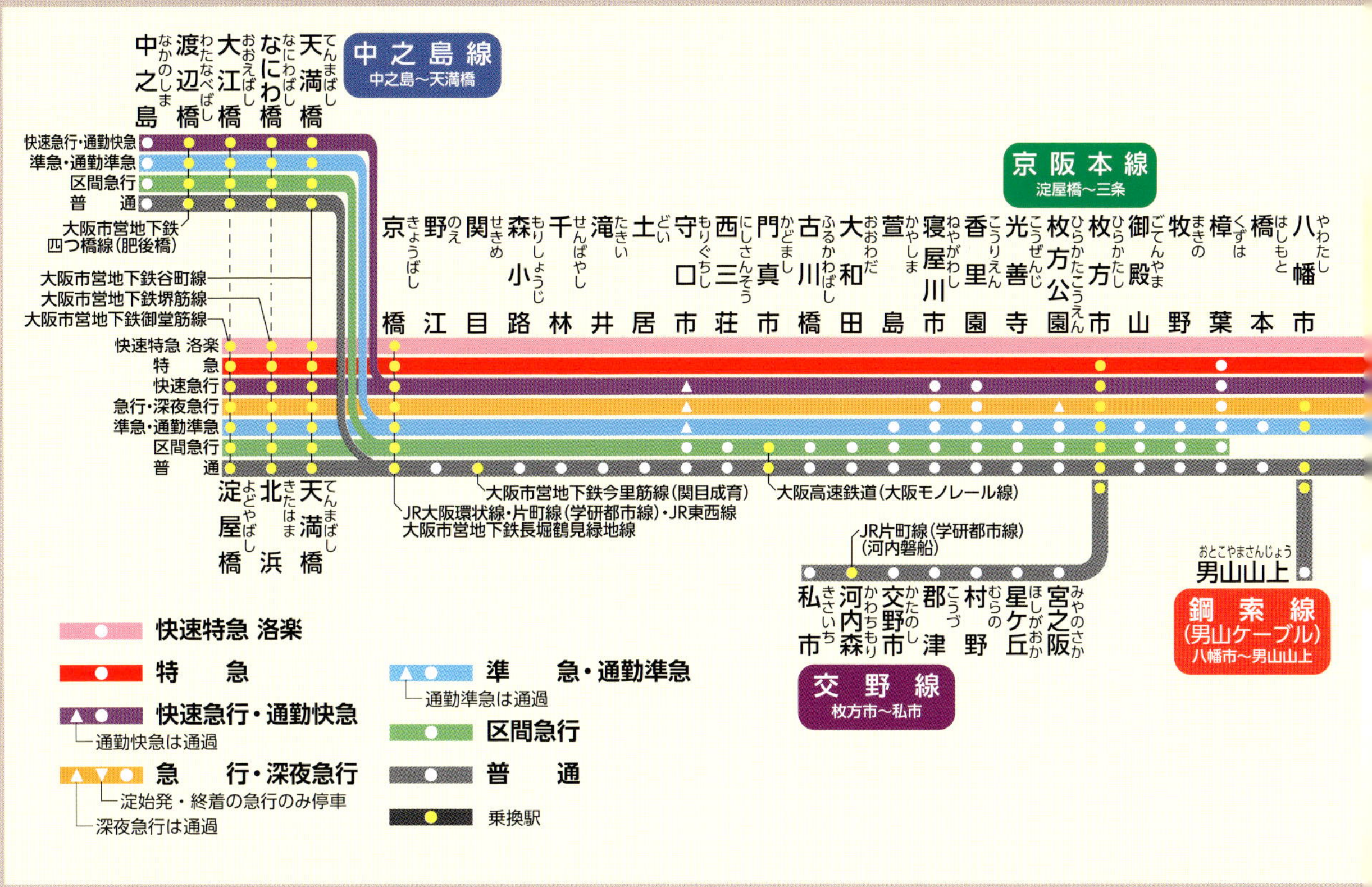

▲3·4番ホームには萱島神社の御神木である推定樹齢700年のクスノキが、ホームと屋根を突き抜けて生える。

▲伏見稲荷の最寄り駅で、鳥居を模した赤い柱が特徴。

路線規模としては中規模クラスであり、関東大手民鉄との比較では、京浜急行電鉄と互角といったかんじだ。関西大手民鉄としては阪神電鉄に次いで短い。

京阪電鉄の路線は前記したとおりだが、これを鋼索線（男山ケーブルカー）を別として京阪線、大津線と総称する場合もある。

大津線というのは石山坂本線と京津線の総称であり、これ以外を京阪線と総称する。

大津線21・6キロ、京阪線69・1キロとまとめて表記する例が多い。

京阪の路線は大阪中心部の淀屋橋および中之島から守口、門真《かどま》、寝屋川、枚方《ひらかた》、八幡を通り京都の三条、出町柳を結ぶメインルートに象徴され、これに枚方市を起点として生駒山系の麓に位置する私市《きさいち》を結ぶ交野線、中書島《ちゅうしょじま》から京都市伏見区の宇治を結ぶ宇治線、京都市内と浜大津を結ぶ京津線、琵琶湖西岸に沿うようにして石山寺〜坂本間を結ぶ石山坂本線（通称、石坂線）が連なっている。

かつての京津線は京阪三条（当時）〜浜大津を結んでいたので、右記の各線は京阪の路線として間断なく繋がっていたが、現在は京阪線と大津線系統

とは三条（以前の京阪三条）～御陵《みささぎ》間が京都市営地下鉄東西線に編入されたため、この区間が京阪の路線ではなくなってしまった。

京津線と京都市営地下鉄東西線との直通運行化で京津線の列車は御陵で地下鉄へ乗り入れ運行するようになった。ちょっと複雑に見えるが実際に利用してみるとわかりやすい。

京阪線と大津線は京津線の改良で分かれてしまった。

観光客にもわかりやすく駅名も変える気配り

三条には京阪と京都市交のふたつの駅があるわけだが、おもしろいのは京阪の駅名が「三条」、京都市交の駅名が「三条京阪」であることだ。以前から路線バスの行き先表示にこの「三条京阪」が用いられており、ひとつの固有名詞として市民権を有した名称といえよう。なぜ京阪自身がこれを駅名にしないのか不思議に思う。あえて駅名から「京阪」を取ってしまった。

京阪では京都市中心部にある駅名を周辺に存在する観光スポットと結び付けて改称したことがあり、五条を清水五条、四条を祇園四条、丸太町を神宮丸太町へ改めた。

▶天満橋駅近くの大川を渡る本線。背景に見えるビル群は大阪ビジネスパークだ。

▲JR西日本、大阪市営地下鉄の乗換駅と、大阪ビジネスパークの最寄り駅として京阪一の乗降客数でにぎわう。

これは観光客にとても親切なサービスであるとともに語呂としても、おさまりがよい。

このときに三条京阪としてもよかったように思う。京阪三条という以前の名称を復活させることもできたのではないだろうか。

駅名に隠された京都らしさ

ところで七条という駅名の読み方に異議を唱える人がいるが、なぜなのか。

七条は文字のとおりの読みで、SHICHIJŌだが、この読ませ方は地元では不評らしい。昔から京都ではHICHIJŌと発音していたそうで、七はHICHIなのである。お茶屋街として有名な上七軒も、KAMIHICHIKENとよんでいる。

一種の方言ともいえそうだが、地名はすべて方言読みが正式名化しており、中にはまったく読めないものも少なくない。京都の地名にも多く、「一口」と書いてなんと読むか、京都人以外でこれを読める人はまずいない。

正解はIMOARAIだ。標準的な読み方ではないから改名しろとはならない。

七条も地元の音を尊重したほうがよいのではなかろうか。

SHICHIJŌをSHIJŌとまちがえて聞く人もいるという。

SHICHIかHICHIか、これは京都でも話題になったのか、バス停の七条は車内アナウンスで、NANAJŌと発音している。ちなみに七条の方言読みは、HISSHŌで、これは京阪石山坂本線の略称である石坂線をISSAKASENと言う人が特に高齢者を中心にして多いが、これと同じパターンである。

京都には同じ文字を用いながら、民鉄ごとに違う読み方をする駅名も存在する。

▲天満橋駅 - 寝屋川信号場間は複々線となっており、ラッシュ時の高密度輸送を可能にしている。

◀渋滞緩和などを目的に高架化が進む。

それが阪急京都線の西院と、京福嵐山線の西院。阪急はSAIIN、京福はSAIと読ませる。

もともとの読み方はSAIであるが阪急では文字のとおりとしている。

この西院の語源は賽の河原の「賽」にあるらしく、その昔はこのあたりが洛中と洛外との境界であったと聞いたことがある。

どうやら西院は賽の当て字らしい。

関西の都市として、また文化の歴史が長いため関東にくらべて独特な読み方の地名や駅名が多いようだ。

とくに京都の地名にはそうしたものが少なくない。

京阪の駅名には風雅な名称が多くあり、いくつか例を示すと、鳥羽街道、深草、墨染、伏見桃山、御陵などが思いつく。

御陵をMISASAGIと読ませるところが、いかにも京都らしい。

こうした事も手伝ってか京阪電車にエレガントなイメージを抱くのは私ひとりではないと思う。

やはり京阪には京都の香りがする。

本社は大阪にあり大阪資本なのだが、京都市内から比叡山、琵琶湖にかけてテリトリーを有する点も、そう感じさせる大きな要因ではないだろうか。

本線・丹波橋駅付近

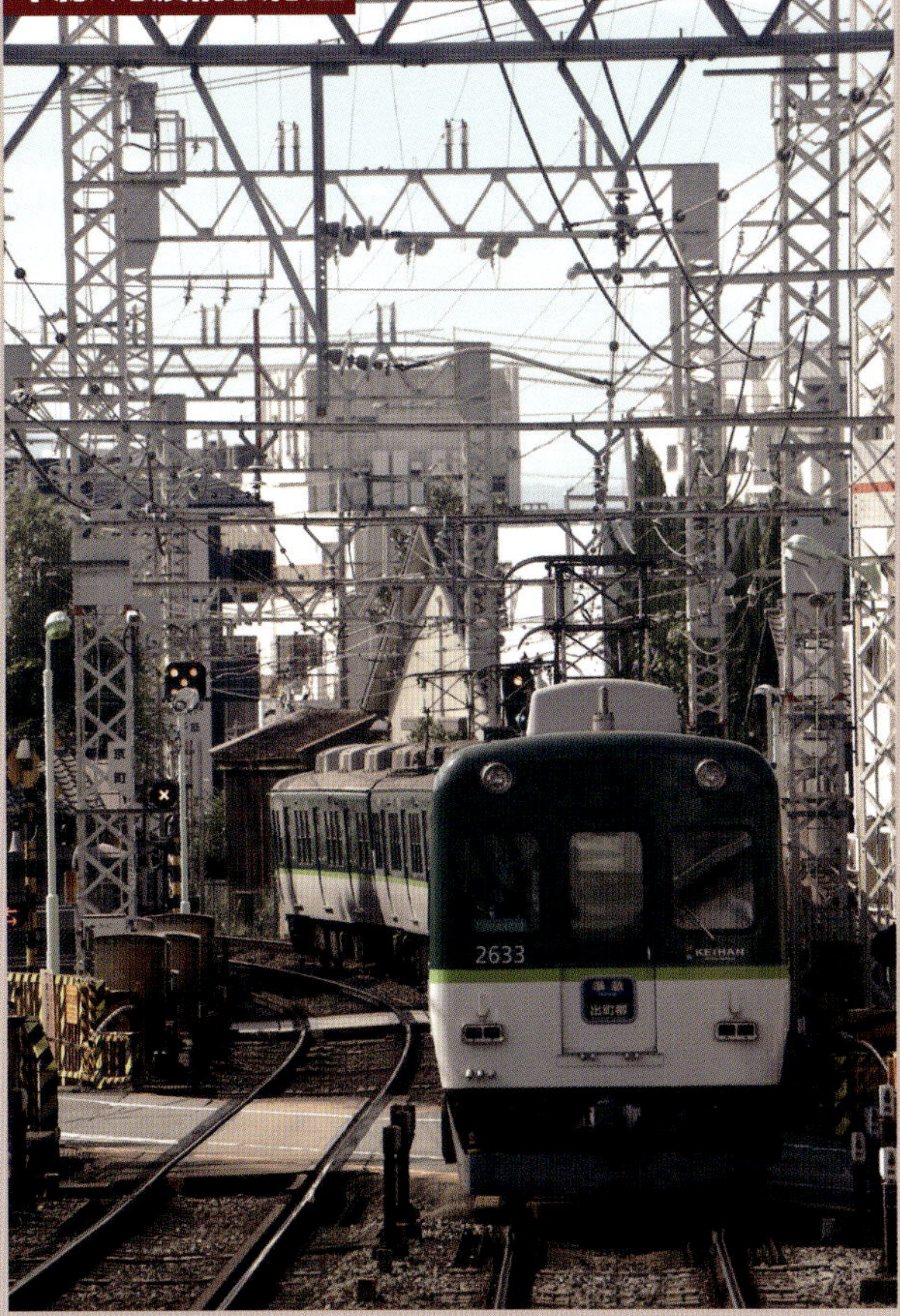

◀京都市伏見区にある京町踏切。周りには戸建て住宅が密集する。

本線・橋本駅付近

▲古い住宅を縫うように走り抜ける風景はいまやもう希少。

本線・枚方公園駅

▲枚方宿をイメージした常夜灯のモニュメントの後ろに見える踏切は、ラッシュ時には「開かずの踏切」になる。

少子高齢化で減少する利用客対策

京阪沿線の宅地化は比較的後発であり、京都、大阪の旧市街地を除くと土地に広がりがあり、また起伏も阪神間のように激しくない。ニュータウン造りに適した沿線といえよう。なのになぜ後発だったのか。それについては京阪沿線の方位が大阪から見て北東の鬼門にあたるからだとの俗説を聞いたことがある。無論迷信に過ぎない話であるが、この方位除けの風習には根強いものがあるのも確かだ。逆に考えれば、こうした迷信のおかげで広くて快適な住宅好適地が残ったともいえる。

京阪では早くから沿線の宅地化に取り組んだ。阪神沿線とは対照的に平坦地に恵まれているのが京阪沿線である。そこに不動産事業としてポテンシャルの高さを見い出すことができる。

このことは阪急京都線沿線にも共通するが、京阪間は開発余地が多いエリアといえよう。

しかし現状を眺めると京阪の輸送人員は減少傾向を示しており、2004年度を100とした場合における2013年度のそれは約94であり、6パーセント減少している。

阪急、阪神が増加、京阪、南海、近鉄が減少と明暗を分けた。

輸送量の減少傾向は全体の流れであり、このことは関西、関東を問わず言える。

高度経済成長期とそれに続く時代には、オイルショックによる一時的な輸送量の減少がみられたものの、それは全くの経済活動の低迷に原因したものであり回復が期待でき、事実そうなった。しかし今のそれは少子高齢化そして生産労働人口の減少という社会現象に起因しているため回復は難しい。

各民鉄ともに乗客の自然増に期待が持てる時代ではなく、積極的な乗客誘致策が求められている。

京阪では中之島線開業による大阪中心部の交通アクセスを改善し、ビジネスセンター街に直結したが、この中之島線が本領を発揮するのは今後の延伸を待つことになり、現状では道半ばと言わざるを得ず、このことは阪神なんば線の利用状況との対比で明確である。

有料座席特急に乗せた期待と課題

そうした中で京阪では輸送の質的改善に着手しており、有料座席指定特急の運用を開始した。

鴨東線・出町柳駅

▲三条を起点とし、鴨川の東側の川端通の地下を走る。終点の出町柳駅は叡山電鉄との乗換駅となっている。

中之島線・中之島駅

◀天満橋駅から地下線で、中之島を貫くように走る。起点駅の中之島は大阪国際会議場やリーガロイヤルホテルと地下通路でつながる。

特急列車の編成中にプレミアムシート車を設けたサービスで、JR各社のグリーン車に相当する。こうしたサービスは名鉄、南海、近鉄などで実証済みであるが、京阪では訪日外国人観光客の利用に期待をかけているように思える。

大阪〜京都間は距離が長いので、こうしたサービスがあってもよいが、定着するか否かは実験段階を脱していない。

右記区間を結ぶ鉄道は3本あり、阪急、京阪、JR西日本だが距離は阪急京都線（梅田〜河原町）47・7キロ、京阪本線（淀屋橋〜三条）、49・9キロ、JR西日本・東海道線（大阪〜京都）42・8キロである。

京阪は出町柳まで直通するが、ここでは三条までの距離で比較したい。

右記における阪急と京阪の営業キロ数は、ほぼ互角であり、JR西日本が若干短い。しかしJR西日本・東海道線は京都中心部へ達していない点で阪急、京阪にくらべて不便である。

阪急は河原町（四条）、京阪は出町柳にまで達する。

阪急と京阪では路線線形が相違するため、カーブが多い京阪は所要時間を要し、スピードで阪急をリードできな

交野線・河内森駅付近

▲枚方市駅から私市駅へ延びる支線で、郊外住宅地と田園が混在する風景が広がる。

宇治線・新茶屋踏切付近

▼沿線を中心に住宅地が広がる。国宝・平等院など見どころも多く重要な観光路線でもある。

い。

平日デイタイムにおける特急の所要時間は阪急（梅田～河原町）約43分。京阪（淀橋～三条）約50分。

スピードでは不利な京阪は車両の質（接客サービス）で阪急に対抗してきた。とはいえ阪急はもともと車両レベルが高いので、京阪が大差をつけることは難しく、互角といったところか。

大阪～京都間直通旅客に限定すれば両者はライバル路線になるが、実際は両都市内のどこを発着地とするのかで、おのずとルート選定が決まる。

あえて遠まわりしてでも好みの路線を選択する例は鉄道ファンに見られる行動だが、一般旅客にそうした行動をする人は、まずいない。京阪間の都市が成長した現在にあっては阪急、京阪それぞれの沿線に中核都市が存在するため両者間の競合は昔ほどではなくなっている。これが現状といえよう。

京阪本線はその建設計画時において、京街道に沿う既成市街地や集落を結んだことから必然的にカーブが多い路線になってしまった。この例は阪神電鉄と同様である。

こうしたハンデを克服するために建設した路線が新京阪鉄道だが、この路線は阪急に吸収されており、阪急京都線になったことは、すでに記したとおりである。

京阪では前記路線を延伸して名古屋と結ぶ遠大な計画があったが実現するどころか、新京阪線の建設が重圧となり、これがために和歌山県内での電力および軌道事業を他社へ売却した。資本費の増大を吸収できなかったからだ。

戦時統制で京阪電鉄は阪神急行電鉄に統合され、京阪神急行電鉄となった歴史はよく知られているが、新京阪線

▶京都の東側、上栄町～大谷間は最大61パーミルにもなる京津線最大の難所。

▲浜大津駅付近は併用軌道となっており、全国では珍しい4両編成の電車が走る。

◀浜大津～三井寺以外は専用軌道を走る。沿線には住宅地を抱え、観光客だけでなく、住民の重要な足となっている。

を戦後の分離時にこれを統合元の京阪神急行電鉄が引き継いでくれたことで経営的に負担が減ったのである。

巷間、阪急に取られたと流布されているようだが、それは一面的なみかたに過ぎない。

新京阪線は明らかに京阪にとって、それは過大投資であり資本費の増大を招いてしまった。

京阪では前記したように新京阪線による東上計画があったが、琵琶湖への進出も早く、湖上交通、湖岸交通の系列化を推進した。

しかし意外とも思えることだが、比叡山を自社のテリトリーにおさめたのは戦後のことである。

京福電鉄を自社系列下へ入れた結果だ。

こうした歩みについては後章へ譲る。

京都市内の路線網を生かしたユニークな試み

ところで京都市中心部における交通網であるが、これに占める京阪電鉄の役割りを考えてみたい。

京阪電鉄では京都において、観光客輸送に注力しており、自社線への旅客誘致ならびに市内交通渋滞の緩和を合わせてユニークな取り組みが見られる。

鋼索線

▲八幡市駅から男山山頂までを結ぶ、通称「男山ケーブル」。石清水八幡宮への足として参拝客でにぎわう。

京都へ訪れる観光客の多くが新幹線を利用しているが、JR京都駅から東山方面への足が整備されておらず、バスかタクシーを利用することが多い。

京都市営地下鉄烏丸線の開業で改善されたとはいえ、これは中心部を南北に走っており名所の多くが点在する東山地区とはやや離れたルートである。

その東山地区を南北に貫いているのが京阪線だがJR京都駅とは結節していない。

京都は大都市の中でも、公共交通機関での移動があまり便利な都市とはいえず、路線バスを自由に乗りこなすことは観光客にとって容易なことではない。

そこでタクシーやレンタカーを利用することが多く、交通渋滞に拍車をかけてしまう。

これの改善策として京阪では東福寺ルートの活用をPRしている。

東福寺駅は京阪線とJR西日本・奈良線との連絡駅であり、JR京都駅とは隣り合っている。このJR西日本・奈良線をひと駅乗ると京阪線との乗り換え駅である東福寺駅だ。

このルートを活用することで京阪線へアプローチできる。

京阪線は東福寺、七条、清水五条、祇園四条、三条、神宮丸太町、出町柳と進み京都東山地区への足として大変便利なルートであり、それの活用を進めている。

また、琵琶湖へは三条で地下鉄東西線へ乗り換えるだけで京津線へ直通するので浜大津へ行くことができる。

嵐山方面へは地下鉄東西線の太秦天《うずまさてん》神川《じんがわ》駅で京福嵐山線へ乗り換えると近い。

大阪、神戸からだと阪急京都線が便利であり、阪急河原町駅から八坂神社のある祇園・東山地区は目と鼻の先であり、桂駅で阪急嵐山線へ乗り換えるだけで嵐山へダイレクトで行くことができる。

東山周辺を南北に移動する場合は先に記したように京阪線がいちばん重宝である。

また、先に少し離れた中之島線については2004年10月8日付けの近畿地方交通審議会答申によれば、西九条、新桜島への延伸が示されていた。

乗客獲得に大きく寄与した住宅開発

京阪線沿線の住宅地開発に目を向けると、1950年に遡り、この年に宇治、森小路《もりしょうじ》、香里園《こうりえん》で自社開発を手が

本線・カーブ

▲中書島付近のカーブ。複々線などによる改良工事で改良されたものの、枚方市駅から京都方面はいまだカーブが多い。

三条駅構内

▶三条駅の案内板。琵琶湖方面は京都市営地下鉄東西線経由の京津線で行くことになる。

けると同時に、大阪府営住宅の誘致に向けた開発を進め、輸送人員の増加に努めている。

香里には日本住宅公団（現在のＵＲ）による香里ニュータウンが出現し、京阪では住民の足を確保するために京阪バスを走らせて、ニュータウンと香里園、枚方公園、枚方市各駅を結んだ。

さらに1961年には開発面積4万8000平方メートルの香里自由ヶ丘、翌年には同11万平方メートルにおよぶ牧野こがね野、同10万8000平方メートルの東香里、そして1963年になると宇治御蔵山で23万8000平方メートルの大型宅地開発を行った。この年に淀屋橋への延長線が開業している。またマンション分譲では「くずはタワーシティ」、「ファインシティくずは」などを手掛けている。

京阪を代表するニュータウンとしては「くずはローズタウン」が知られており、136万平方メートルにおよぶ。また琵琶湖西岸の堅田でも「びわ湖ローズタウン」が造成されるなど、京阪沿線の開発を中心に進めており、自社路線の旅客獲得を早くから実施している。

前記したように京阪沿線の開発は遅れていたが、戦後の昭和20年代半ばか

東福寺駅

◀京阪電鉄東福寺駅には京都駅とのアクセスとしてJR利用を案内している。

枚方市内の住宅地

▶大阪に比較的近く鉄道交通が発達していることから、枚方市やその周辺の沿線では戦後盛んに住宅開発が行われてきた。

ら手が入った。阪急宝塚線沿線などにくらべると、その歴史は浅いが、開発面積の大きさや値ごろ感などで人気を得た住宅地といえよう。

定住人口の増加が京阪の鉄道事業の業績に寄与している。

京阪の路線は大阪（天満橋）〜京都（五条）とを結ぶ都市間連絡鉄道（インターアーバン）として誕生したが、むしろその実態は郊外鉄道型の成長過程を歩んできたように思える。

また大津線系統では多分に観光輸送もその発展の構成要素として大きい。

つまり多面的な輸送形態を内在させながら成長した路線と見ることができるのではないだろうか。

このことが現在の京阪電鉄の性格を決定づけたと思える。

多様性の融合と言えなくもない。

各路線の持つ固有の性格は、その路線の成長過程を如実に反映している。

京阪のそれは大阪のダイナミズムと、京都のエレガンスがまさにひとつに融合した点にその特徴があるのではないだろうか。そこに京阪らしい魅力があると私は思う。

洛北・大原と洛西・嵯峨野

幽玄世界の中に京都らしさを感じる

京都の隠れ里といえば大原と嵯峨野を想起する。洛北の大原へは叡山電鉄で、洛西の嵯峨野へは京福嵐山線で行くことができ両者とも京阪傘下の路線だ。

時の移ろいの中で今も古都京都に風情を添える存在として人気がある。

大原は平家の落人たちの隠れ里。その名の由来は慈覚大師円仁がこの地を浄土信仰の地と定め、魚山大原寺《ぎょざんだいげんじ》を開いたことによる。

その地へ浄土を希求してやまなかった世捨人がいつしか集まり草庵を結んだ。

静寂な時が彼らに深い安らぎを与え、心を癒してくれたことを容易に想像することができる山里である。ここ大原といい、嵯峨野といい、京都にはその昔、現世とは一線を画したような別世界があったようだ。

そういうある種の幽玄世界の中に京都らしさが感じられる。

大原三千院はしっとりと苔が地面を覆い、陽射しに光る中、往生極楽院は佇んでいる。

柿葺単層入母屋造りのお堂はまさしく浄土的美学の集大成であり、本尊の阿弥陀如来、そして脇士として勢至、観世音の両菩薩が弥陀の来迎を表し、浄土的宇宙観を形成しているようだ。

そこには日本のという以上に東洋の美が余すところなく表現され、ある種の神秘主義的世界が展開されているように思える。

私は京都へ来るたびに同じ古都といっても鎌倉とは全く別の日本的精神性に触れる思いがして多様な文化性を体得できる。

これを桜の花に例えてみると桜の淡いピンク色は女性美であり、散り際の良さは男性美ともいえ、前者を京都の公家文化、後者を鎌倉の武家文化ということもできる。

桜の花はそのふたつの美学がひとつに融合されているので日本人の心の美学なのではないかと……。

桜と日本、そして古都。まさに一直線上にならぶ印象があり、そこには優しさと潔さという日本人が理想とする美学が確かに存在している。

そんなことを思いながら春の大原を歩くのもたのしい。

また、梅雨に洗われて香り立つような緑につつまれての散策も趣がある。

京都の西に位置する嵯峨野は、小倉山の麓に広がる庵と竹林が織りなす幽玄な世界。いにしえ人の思いが宿る物悲しさがある。

平家物語の白拍子祇王と、その妹祇女が隠れ住んだ祇王寺は楓の木々に覆われる境内に、ひっそりと姿をみせる。

ここ嵯峨野を歩くと時折吹く風に竹林がヒューヒューと鳴って、それはまるでいにしえ人の嘆きにも聞こえるようだ。

木々の間から木漏れ陽が落ち、柔らかなシルエットをつくる昼下がりの嵯峨野。聞こえるのは鳥の鳴き声と葉音、踏みしめる小径の石の音。どこからか声明が聞こえてきそうだ。黒木の鳥居と小柴垣が昔を思わせる野宮神社あたりの夕暮れ時は、神社の赤い提灯の明かりが心に残り、旅を一層印象深いものにしてくれる。

叡山電鉄、京福嵐山線にゆられて洛北、洛西へ足を運んでみてはどうだろう。

きっと思い出に残る時になるに違いない。

▲門跡寺院としての風格があり、苔が美しい大原三千院。

▲大河内山荘から野宮神社の約200メートルにわたって続く嵯峨野・竹林の道。

京阪の沿線風景

▲萱島神社の御神木・樹齢700年のクスノキがホームを貫き、安全を見守るように立つ。

淀屋橋

▲大阪市がパリのセーヌ川を参考に景観を配慮したといわれる、コンクリート造りのアーチ橋が架かる。1935年竣工。

大阪証券取引所

▲北浜駅すぐ、大阪証券取引所の前に建つ五代友厚の像。大阪経済の発展に貢献したひとりだ。

日本銀行大阪支店旧館

▲1903年にベルギー国立銀行をモデルに建設。緑青色が美しい円屋根をもつレンガと石造りの洋風建築だ。

ニッポンのパリ 水都・大阪

京阪電鉄のターミナル淀屋橋は大阪中心部のビジネス街に位置し、阪急の梅田や南海の難波のような巨大商業施設を併設していない。周辺には大阪市役所、日本銀行大阪支店、中央公会堂などがあり、これは中之島線沿線も同様だが整然とした街なみにその特徴がある。東京でいえば丸の内のようなところであり、大阪の中枢神経がこの周辺に集まっているといえよう。

淀屋橋駅は土佐堀通りの地下にあり、その西側を御堂筋が走る。そのため地下鉄御堂筋線が京阪本線の行く手を塞ぐため、中之島方面へ後年になって延伸するにあたり別線ルートで中之島線を建設した。

中之島は堂島川と土佐堀川の中洲で、パリのシテ島のような感じのところといえるのではないだろうか。

自論だが大阪とパリはよく似ていると思う。中之島がシテ島、堂島川がセーヌ川、そして御堂筋がシャンゼリゼに見えるからだ。中之島線は文字どおりに中之島をほぼ東西に中之島通りの地下を走り、京阪本線とは天満橋駅で合流する路線で、中之島駅は大阪国際

▲かつて賑わいを見せていた八軒家浜船着場を復活。大阪水上バス、遊覧観光船などが接岸する。

▶「水陸交通ターミナル」をコンセプトに作られ、八軒家浜船着場とは地上階で直結している。

会議場・グランキューブ大阪、そして新大阪ホテルの伝統を受け継ぐ、名門のリーガロイヤルホテルが至近である。この中之島線の開業でこの付近一帯の交通アクセスが大幅に改善された。

京阪本線と中之島線とは土佐堀川をはさんで並行しており、京阪本線の淀屋橋駅は中之島線の大江橋駅に近く、その間は約200メートル弱であり、この関係は北浜駅となにわ橋駅についても同じである。

早い話が中之島線の存在は京阪本線の別線線増に見える。

北浜駅周辺は金融街で、多くの証券会社が集積しているとおり、大阪証券取引所がここにある。

京阪の中之島および淀屋橋～天満橋間はともに地下線だが、その地上風景は巨大都市・大阪が見せるオフィシャルな顔とでもいえようか。緑濃い中之島公園、テニスコートもある南天満公園など都会の中のオアシスである。

天満橋は京阪発祥のターミナルであり、1963年4月15日に淀屋橋への延伸線が開業するまで、ここがターミナル駅であった。

「水の都」大阪を象徴するターミナル駅といえよう。

天満橋では「水都大阪」の復活を目

▶京阪最大の乗降客数駅。JR西日本との乗り換えで、人の流れが絶えない。

京橋駅

大阪城

◀天満橋〜京橋間、大阪城を背景に走る。天満橋駅は大阪城への最寄り駅の1つだ。

ざし、大阪府の八軒家浜整備事業、大阪市の中之島緑地整備事業と連携。

天満橋駅が八軒家浜船着場と直結、大川側出入口には観光船のターミナルを設けている。

天満橋駅で中之島線と合流した京阪本線は一路京都を目ざす。

昔は京街道、今は京阪 沿線に根付いた庶民の暮らし

地上へ出てすぐに寝屋川を渡るが、車窓右手後方に大阪城、左手に桜之宮公園が望める。この先、寝屋川信号場までの約12キロが複々線区間となっている。

京橋駅でJR西日本・大阪環状線と連絡。同駅は京阪有数の乗降客数を誇る乗り換え駅だ。野江〜関目間は古くからの住宅地で野江駅周辺には住宅地の中に中小の工場が点在し、関目駅は公営団地が古くからあるところだが高層マンションが目立つようになった。

次駅、森小路はMORISHOJIと読み同駅周辺は大阪市内の高級住宅地として開けたところとして知られている。

かつてはスーパーマーケットのトップ企業として日本の流通業界に革命を起こしたスーパー「ダイエー」の発祥

千林商店街

▲大阪を代表する活気ある商店街の一つで、スーパーマーケット・ダイエー1号店があった。

門真市駅

◀1933年に松下電気器具製作所（現:パナソニック）が工場を建設。以来周辺は企業城下町として発展していく。

地が千林である。千林駅前の商店街は盛況で、主婦を中心とした買物客で賑わう。余談だが「ダイエー」の前身は大阪サカエ薬局と聞いた覚えがあるが、ダイエーとは大阪サカエに由来した名称なのか。故・中内功の言では薬局が原点だそうだ。

守口市駅は同市の中心にあり、古くは守口宿が置かれた京街道の宿場町として枚方、淀、伏見とともに栄えた。駅から徒歩約10分のところに当時の面影を残す町並みが残る。

次の西三荘駅は門真市の入口に位置し、弱電メーカーが多く目に入るが、それもそのはずで次駅の門真市はパナソニック（松下電器産業）発祥の地として知られている。同社の歴史館では松下幸之助のサクセスストーリーがひと目でわかる展示を見ることができる。

寝屋川市駅も乗降人員が多く、この寝屋川というところは古代の史跡も多く、秦氏の栄えた土地のひとつだと伝承されている。

次駅、香里園はニュータウンの玄関口であるが、同駅からバスで数分走ると成田不動尊がある。1934年に京阪が千葉県成田山新勝寺の大阪別院として誘致した。

枚方公園駅は京阪直営の「ひらかた

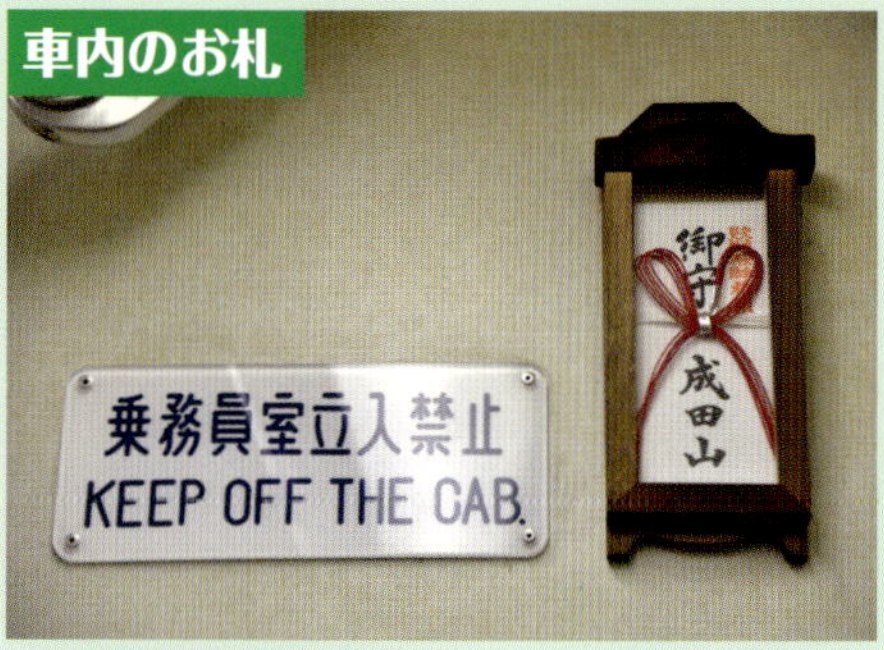

車内のお札

▲京阪電鉄の鋼索線を除く全ての車両に成田山の御守を祀っている。

成田山明王院

▲千葉県成田市にある成田山新勝寺の別院。京阪電鉄が誘致し、1934年に創建。

鍵屋資料館

▲天正年間～1997年続いた枚方屈指の料亭旅館・鍵屋。廃業後は市立資料館として宿場町の賑わいを伝える。

木南喜右衛門家

◀京街道沿いに残る枚方宿の面影を残す建物のひとつ。枚方宿問屋役人の住宅で、現在の建物は明治中期に建てられたもの。

パーク」の最寄駅。同パークは菊人形で知られる歴史の長い施設で、ひらかた大菊人形展が有名。秋は菊だが、春のバラも美しく、ローズガーデンは必見である。

また駅から10分前後歩くと淀川の船着場で、同川を上下した三十石船に飲食を供給した「くらわんか船」の基地だった鍵屋浦へ行くことができる。

この先の見どころとしては樟葉駅からバスで20分のところにある円福寺があり、この寺は日本最古のダルマで知られている。

語り出したら止まらない史跡が密集する京都

京街道の面影を残す古い家並みが残る橋本駅の次駅、八幡市は古くから石清水八幡宮の門前町として栄え、今では大阪、京都のベッドタウンでもある。

八幡市駅に隣接する男山ケーブルカーで5分の男山山頂にあるのが石清水八幡宮。

ここは源氏が自分たちの氏神として武運を願って祀った社である。

余談だが電球を発明したトーマス・エジソンが、そのフィラメントに使った竹が八幡の竹であり、その記念碑が建っている。

木津川橋梁

▲淀～八幡市間の、木津川を渡る9連のプラットトラス橋梁。

石清水八幡宮

◀男山の山頂にある860年創建の神社で、日本三代八幡宮のひとつ。

▼エジソンの発明した白熱電球のフィラメントに、八幡の竹（マダケ）が使用されたことを記念し、建てられた。

エジソン記念碑

八幡市駅を発車すると次駅の淀との間で大きくS字カーブを描く路線を進むが、この間で木津川、宇治川を渡る。

木津川橋梁の橋長は３２８メートル、宇治川橋梁の橋長は２５７メートル。ともに平行弦プラットトラス桁である。支間は木津川橋梁の１連目と９連目が28・29メートルであるが他は37・89メートル。

前記したS字カーブは木津川、宇治川の両河川を直角に越えるためだ。

このふたつの橋梁は創業時のものではなく、１９２７年の架設である。

やや専門的な話になるが、この橋梁の特徴として隣接垂直材下部から延びたコリジョンストラットが端柱に接続されていることだ。

淀駅の次駅にあたる中書島は宇治線の分岐駅。このあたりは伏見の入口になり、伏見の由来は伏水にあるそうだ。

神戸の灘とならぶ日本酒の名産地であり酒蔵がならぶ。次駅の伏見桃山にかけて多い。

伏見桃山駅からバスで7～8分のところにあるのが伏見桃山城。１５９４年に豊臣秀吉が築城した城だが、徳川家康が１６２３年に破壊してしまった。いまの建物はレプリカで１９６４年に竣工したモノである。

伏見の酒蔵

▶古くから酒蔵の町として知られる。豊臣秀吉の伏見城築城で一気に花開き、水運などの利便性を生かし栄えていった。

伏見桃山城

◀遊園地「伏見桃山城キャッスルランド」(廃園)の目玉施設として建築された模造天守。林原美術館所蔵の洛中洛外図を参考に建築された。

丹波橋駅は近鉄京都線との乗り換え駅で、その昔は武家屋敷だったそうだ。墨染、藤森、深草と過ぎると伏見稲荷駅である。歩いて10分ほどで伏見稲荷大社に着く。

伏見稲荷は商売繁盛の神として知られるが、もともとは農業の神、「稲」を祀る神社でその昔、餅を的にして弓を射ったところ、その餅が白鳥になって飛び去り、その白鳥が舞い降りた峰に稲が生え、そこに社を建てたが、それが伏見稲荷大社であると『山城国風土記』逸文に記されている。

稲荷とは狐の霊を祀っている神社ではなく、狐は稲荷神のお使いだそうだ。稲荷神は密教の影響を受けて農業神の枠を越えることになるが、この話はこのへんでやめておこう。

鳥羽街道駅の次駅が東福寺だ。京都五山のひとつである東福寺へは駅から徒歩で約20分。この寺は九条道家が1255年に建立した寺で、奈良の東大寺と興福寺にインスパイアされたものらしい。

紅葉の名所として知られており、開山堂と仏殿とを結ぶ通天橋からの眺めが珠玉である。次駅の七条から先は各駅とも京都の観光スポットに事欠かない。

▲伏見稲荷大社の「千本鳥居」。願いが叶ったことのお礼として奉納されている江戸時代からの風習で、現在は一万本近くあるそう。

▲全国各地で老若男女を問わず親しまれている"お稲荷さん"の総本宮。

▲境内の2000本余りのカエデが色ずく秋は多くの人でにぎわう。

▶正式名称は蓮華王院、南北にのびるお堂内陣の柱間が33もあるという建築的な特徴が名前の由来。

有名寺社が点在 各駅停車の旅が楽しい

七条駅は三十三間堂（蓮華王院）の最寄り駅。徒歩7〜8分の距離にある。

同寺は1164年に後白河法皇によって建立され、千体もの千手観音が安置されており、これは平安末期に登場した千体観音堂形式を今に伝える唯一の存在であろう。次の清水五条駅は駅名のとおり清水寺が近いが、とは言っても歩くと20分以上の距離がある。清水寺の本尊も千手観音。境内にある音羽の滝は、金色水、延命水ともよばれる名水であり、日本10大名水の筆頭に位置し、寺名もこの清水に由来する。780年に延鎮上人に導かれた坂上田村麻呂が、十一面千手観音を安置したのが同寺のはじまりという。

北法相宗を名乗る唯一の寺で、一寺一宗というめずらしい存在である。

この清水寺に隣接する鳥辺山は古くより京都の葬送の地のひとつであり、さまざまな言い伝えがある。

清水五条駅と祇園四条駅の間、松原通りにある六道珍皇寺は、地獄へと通じる井戸があることで知られ、京都の魔界めぐりの有名スポットになった。盂蘭盆《うらぼん》の精霊迎えの鐘でも知られて

清水寺

▶開創は778年。「清水の舞台から飛び降りる」の語源となった本堂の舞台をはじめ、境内には様々な意匠の堂宇が点在する。

六道珍皇寺

▶古来よりこの世とあの世の境の辻が境内にあり、冥界への入口といわれている。

冥土通いの井戸

◀平安の貴族・小野篁が冥界への往来に使用したといわれる。

おり、京都では先祖の霊を、この六道珍皇寺の鐘で迎えて、三条駅近くにある矢田寺の鐘で送る習慣がある。

六道珍皇寺の本尊は薬師如来と地蔵菩薩だ。

清水五条駅の次は祇園四条駅。ここは「祇園さん」こと八坂神社、そして「八坂の塔」で知られる霊応山法観寺が見どころといえよう。「八坂神社の祇園祭」は、京都が疫病で苦しめられたことを記憶にとどめるための祭りだといわれている。

この神社は明治の神仏分離までは感神院という天台宗の寺であった。

感神院の末社である祇園社（天神堂）に祀られているのが大陸伝来の神、牛《ご》頭《ず》天王《てんのう》であり、この神が荒ぶる疫病神だと『祇園牛頭天王御縁起』は伝えている。京都の人たちは、この牛頭天王を神に祀り上げることで封じ込めたのであろう。この牛頭天王が八坂神社の祭神になった。

一方の法観寺の八坂の塔は、塔の中心にある礎石には創建時のものがあり、これは聖徳太子によるものと伝承されている。

この塔が傾いた時に僧の浄蔵が呪力によって風を起こして、まっすぐに直したという伝説もある。実にミステリ

▲八坂神社や素戔嗚尊を祭神とする関連神社の総本社。「祇園さん」と親しまれている。

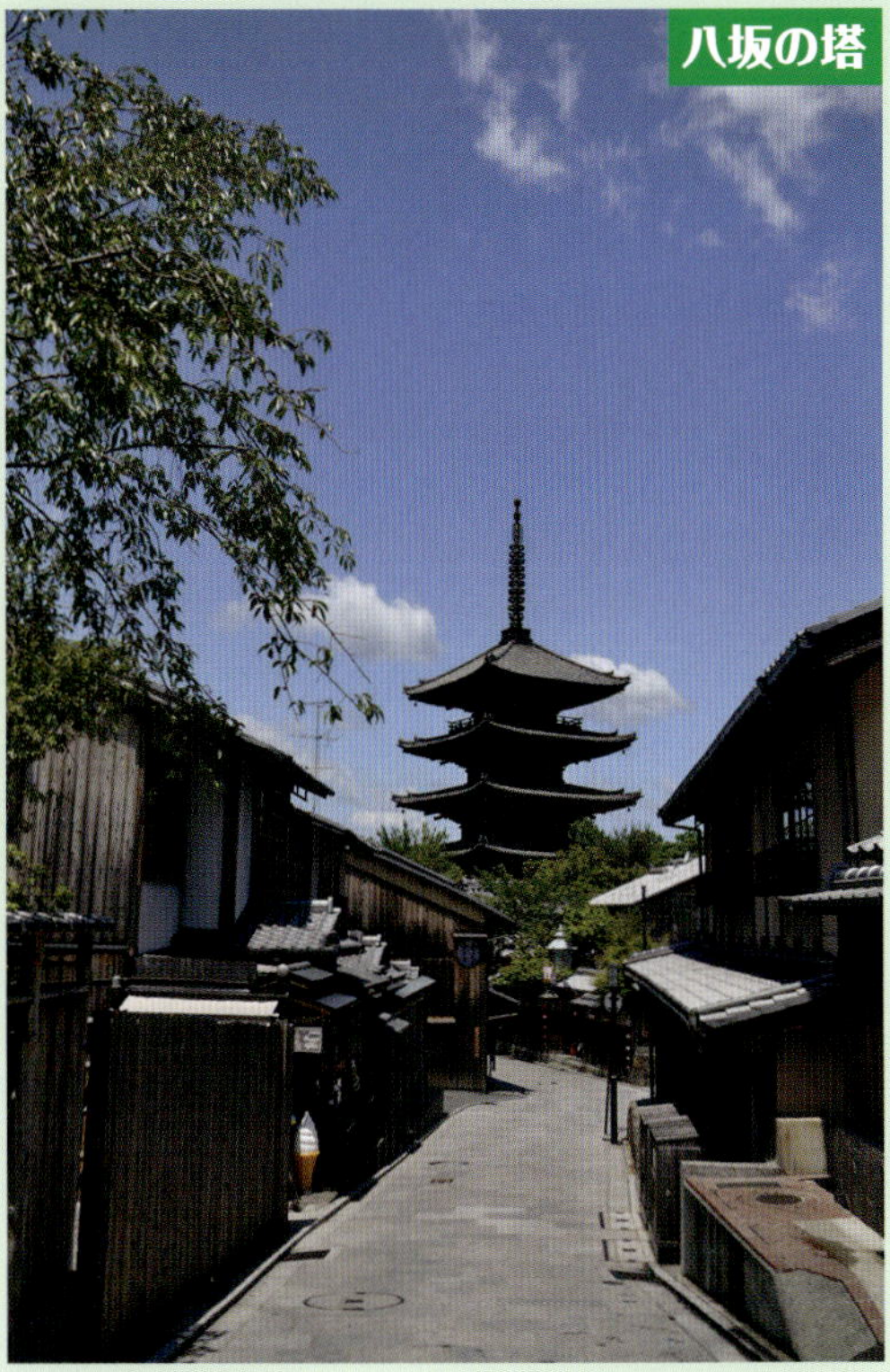

▲石畳の街並みに生える八坂の塔は、法観寺の五重塔で46メートルの高さがある。

◀鴨川に架かる橋で、江戸時代は東海道五十三次の西の起点だった。現在は琵琶湖への乗換駅がある。

アスな話だが、そこにもまた京都の魅力があるといえよう。

祇園四条駅の次が京阪本線の終点、三条駅だがこの先の神宮丸太町、出町柳の2駅は鴨東線ということになる。もちろん運行上は一本の路線として繋がっているので出町柳駅まで列車は直通する。

逢坂の関を越えても古の足跡は絶えない

京津線沿線の見どころを記すと京阪山科駅から次駅の四宮駅にかけて残る、旧東海道の面影、そして大谷駅から歩いて10分ほどの所にある逢坂の関跡がある。

この逢坂の関は鈴鹿、不破とならぶ天下の三関といわれており古くは畿内への関所として非常に重要な施設であった。

石山坂本線沿いにも名所が多い。石山寺駅から徒歩15分の石山寺は、月の名所として知られており近江八景のひとつ、石山秋月とうたわれている。

国宝の本堂には如意輪観音が安置されており、この寺は真言宗東寺派の大本山で、開基は8世紀の僧・良弁である。

本堂の前には天然記念物に指定され

▲万葉集や古今集などにこの関所や峠を題材にした作品が多く残っている。

▲「近江八景」のひとつ「石山秋月」でも知られる。『蜻蛉日記』『更級日記』など平安時代の文学作品にも登場する。

▲約2100年の歴史を持つ、全国3800余の日吉・日枝・山王神社の総本宮。

◀正式名称を長等山園城寺といい、天台寺門宗の総本山である。

た硅灰岩《けいかい》の巨石があり、これが寺名の起こりらしい。

唐橋前駅は瀬田の唐橋にちなんだ駅名であり、徒歩10分で瀬田川にかかる瀬田の唐橋に出る。ここは近江八景の瀬田の夕照で知られ、宇治川水系の宇治橋、淀橋とともに三名橋といわれている。

京阪膳所《けいはんぜぜ》駅には源平争乱の時代に武将として名高い、木曽義仲を祀る義仲寺が徒歩15分のところにあり、松尾芭蕉が暮らした無名庵と彼の墓が境内にある。

この先、坂本駅までの見どころと言えば、三井《みい》寺から歩くこと15分の長等《ながら》山園城寺《さんおんじょうじ》(三井寺)と、坂本駅から徒歩10分の日吉大社である。

三井寺こと園城寺は天台宗寺門派の総本山であり、山内は金堂を中心に七堂伽藍をはじめ経蔵など国宝、重要文化財も多い。桜の名所としても知られている。

日吉大社は延暦寺の鎮守でもあり、正式名は山王総本宮日吉大社という。1571年に織田信長の焼き討ちで焼失したが、再建された。社殿は日吉造りだがほかにも三間社造り、権現造りも見られ、まるで神社建築のショールームのようである。

▶日本三名橋の一つで、近江八景「瀬田の夕照」として知られる。「唐橋を制するものは天下を制す」とまでいわれるほど、京都へ通じる軍事・交通の要衝でもあった。

瀬田の唐橋

▼藤原頼通が、父・道長より譲り受けた別荘を仏寺に改めたのが始まり。10円玉の絵柄でおなじみ。

平等院鳳凰堂

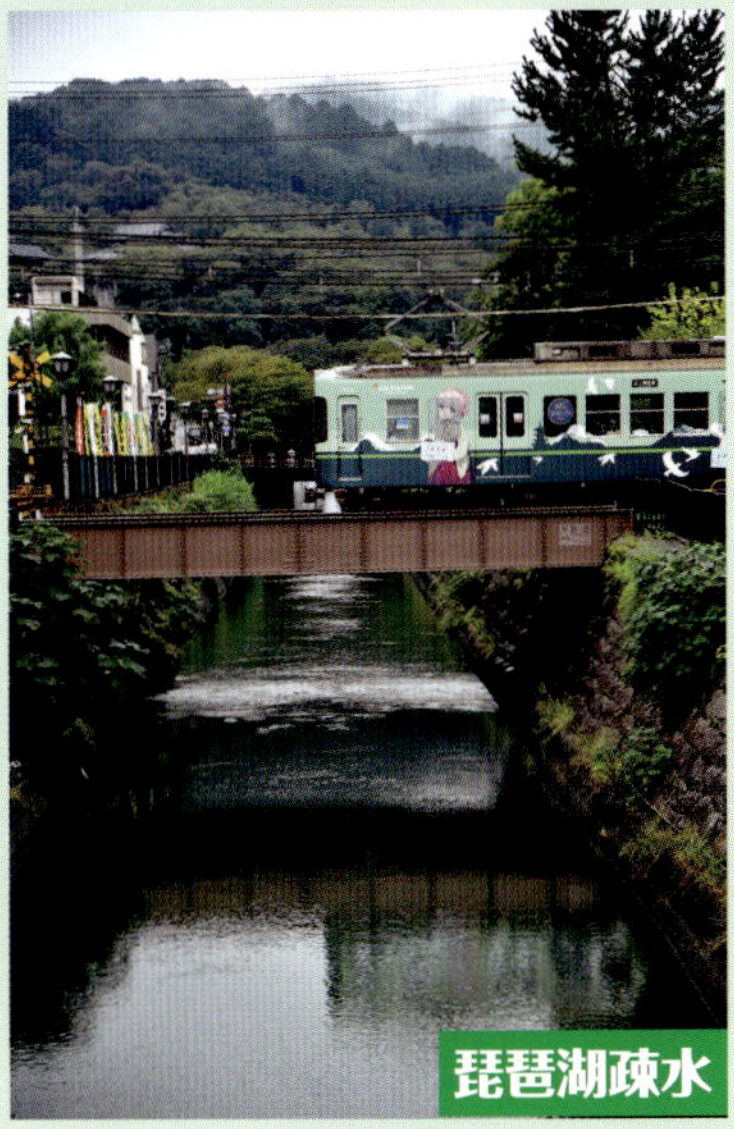

琵琶湖疏水

▲琵琶湖から京都の蹴上までを流れる。そのスタート地点が三井寺駅のすぐ脇にある。

万葉の時代から受け継がれた文化の香りを求めて

次に宇治線沿線を見ると六地蔵駅からバスで15分の、醍醐《だいご》寺があり理源大師が9世紀に創建した寺で、山上の醍醐、山下の醍醐に分かれ、桜の名所であり豊臣秀吉が醍醐の花見をしたことで知られている。

黄檗《おうばく》山万福寺があるのが黄檗駅であり、歩くと10分ほどで行ける。

この寺は黄檗宗の大本山で、真空大師・隠元が開いた。禅宗の寺だが隠元が明代《みんだい》の僧であるため、その伝統を受け継ぎ1661年の創建以来、中国風のスタイルを継承している。本堂は石造りの床で畳がない。ただ彩色的には日本的な感じの建物であり極彩色ではなく落着いている。いわゆるチャイニーズ・テンプルとは異なる感じだ。この寺の名物は普茶料理と称するベジタリアンメニューが知られている。本来のインド仏教では肉食を禁じておらず精進料理という思想は中国の道教思想が仏教に融合したのではないのか。

ちなみにインド仏教では仏像はなく、仏像はペシャワールで、ヘレニズム文化と出会ってできたと考えられる。またインド仏教には墓という概念がなく、先祖崇拝もない。

話をもどす。宇治駅から歩くこと15分、平等院鳳凰堂に着く。平等院は1052年に藤原頼道が父親の道長から譲受した物で、もとは別荘であった。シンメトリーな建物の両翼部分は中央の建物と連結されていないそうだ。

また、宇治では橋姫伝説がある宇治橋、宇治神社、興聖寺などの名所が多く散策がたのしめる。

京阪沿線はさまざまな歴史上の痕跡が多く、しかも密度が濃いのが特徴である。京都の名所を書き出したらエンドレスに出てきそうだ。

これに匹敵する路線となると、近鉄をおいて他に思いつかない。

やはり京阪の沿線風景には「はんなり」という表現がよく似合う。

交野線の田園風景

京阪の
②
走る風景

たそがれの京都ロマン

都人たちの魔力に取りつかれる

何度訪れても飽きることがない京都。

淡い桜の香りにつつまれる春、五山の送り火に世の無常感をおぼえる夏、燃える紅葉があざやかな秋、そして水墨画を思わせる雪化粧の冬……。

四季折りおりの美しさに心が洗われる風景がそこには確かにある。

とくに冬の京都は味わい深い。

底冷えする中、都人《みやこびと》たちは家の中で、ほっこりと暖まっているのに、「よそさん」（京都洛中びと以外の人を京都ではこうよぶ）はガイドブック片手に街歩きをたのしむ。

この洛中、洛外という生活感も京都ならではのものであり、一般に京都人とは洛中の人々を指す。これが「みやこびと」なのである。したがって京都市民イコール都人ではない。京都には今もこうした厳然たる不文律が健在だ。洛中とは下京・中京・上京の３区と南区・北区の一部を指す。

これを無視して洛外の人びとが京都人だと言おうものなら洛中の人びとにイヤな顔をされるのが京都だ。あからさまにイヤな顔を見せず言外にほのめかすところも京都らしい振舞いである。

京都の「お茶屋さん」の多くが一見さんお断りであることは、よく知られているが、これは誤解が多く、格式張っていると思われやすい。だが本当は好みもわからない一見客をもてなすことを遠慮している気遣いなのである。

私が京都デビューしたのは、まだ少女の頃だった。養父が茶道の老分をしていたので、お家元と親しくさせて頂き、「お茶屋さん」ともお付合いができた。そこの女将から京都の事情を教わったのである。

以来、この都《みやこ》の魔力にとりつかれた。

そして、いちばん好きな街になった。

いまも年に数度は訪れる。

正月の初釜にはじまり、春の野点《のだて》、夏の鱧《はも》会席、秋の月見をたのしんでいる。

そう秋といえば松茸を忘れるわけにはいかない。嵐山の紅葉をめでながら秋の恵みを味わうのは格別である。

スケルトンバスとともに京都の夜を楽しむ

大学２年生になった春５月、京都を訪ねた折りに私はある情報を知った。

このときは旧三井家別邸であったところに建つ「京都国際ホテル」を、ある人からすすめられ泊まっている。このホテルは藤田観光の経営なので親近感を抱く。小川栄一会長（当時）と私の実祖父が友人だったからだ。

小川は安田信託銀行の出身であり、祖父が経営していた某遊園地をめぐり協力関係者であった。

「こんど京阪さんが新しいバスを走らせるそうですよ」と教えてくれたのも藤田観光。

それが前記した「ある情報」である。

当時、京都は老舗のヤサカ観光、京阪バスに加えて東京資本の帝産観光、ケイエム観光がバス事業を競っていた。

京阪バスでは京都定期観光バスにコース限定で、デビュー仕立ての「日野スケルトンバス」を走らせていた。その情報を得て乗ることに決めた。

従来のバスボデーはモノコック構造をしており、車体表面に小さなリベットが列をなしていた。スケルトン構造のバスボデーはそれが無く、フラットで直線的な外観にその特徴がある。いまは大半のバスボデーに採用されているが当時（1980 年）はまだめずらしかった。「はとバス」のスーパーバス、富士急行のワールドバス、ケイエム観光のロイヤルサロンと、私はこうしたバスに目がなく全て乗っている。京阪バスのスケルトンバスに乗らない手はない。

このバスもまた他の特別仕様車同様に私好みの固定窓である。これは当時のグレード車に共通する構造であった。

京阪バスのスケルトンバスは一般車と同じ赤と白のカラーリングをしていたが、富士急行のワールドバスは、白とグレイのカラーリングで特別感を強調していた。

京阪バスでは、このスケルトンバスを「U たそがれの京都ロマン」コースに使用。

夜のコースで、車内灯を減光して夜景をたのしませてくれた。上加茂神社で舞を見学し、「しょうざん」で庭園を眺めての京懐石を味わうコースである。約４時間半でめぐる。

京阪バスの思い出が、このスケルトンバスに凝縮されている。

東海道新幹線はまだ０系オンリーという時代であり、あのゴールデンイエローのリクライニングシートに掛けた瞬間から私の京都旅行がはじまった。右に京都タワーを、左に東寺の塔が目に入ると京都である。と同時に京阪電車のクラシックな架線鉄柱が京都であることを示していた。

▲夜の祇園。いつ来ても不思議議な魅力に引き込まれる。

京阪グループ

▲京都のランドマーク「京都タワー」と併設する京都タワーホテル。

京阪電気鉄道

▲京阪電車の愛称で親しまれている。大阪、京都、滋賀に路線を持ち、通勤通学や観光の足として欠かせない。

▼嵐山本線、北野線、叡山ケーブル、叡山ロープウェイを持つ。福井県のえちぜん鉄道はかつて同じ会社だった。

叡山電鉄

▲出町柳駅から八瀬比叡山口の本線と宝ケ池駅から鞍馬駅の鞍馬線を持つ。

京福電気鉄道

交通事業を核に展開するグループ企業

京阪電鉄をグループの中核として形成する京阪グループは他の大手民鉄グループ同様に、その事業範囲は交通事業、不動産事業、流通事業、観光サービス事業を展開しつつ成長した。

おもな事業会社を記すと交通事業では京阪電鉄、京福電鉄、京阪バス、江若交通、叡山電鉄、京都バス、琵琶湖汽船、大阪水上バス、中之島高速鉄道、京阪宇治バス、京阪シティバス、比叡山鉄道など。

流通事業では京阪百貨店、京阪ザ・ストア、京阪流通システムズなど。

不動産事業では京阪電鉄不動産、京阪ビルディング、京阪産業などがあり、観光サービス事業では京阪交通社、ホテル京阪、琵琶湖ホテル、京都タワー、京阪アーバンシステムズ、京阪リゾートシステムズ、比叡山自動車道、京阪福井国際カントリークラブ、樟葉パブリック・ゴルフコースなどがある。

京阪グループ全体では70余社を数えるが、地域別、事業別に法人格を独立させたものもふくまれている。

特徴的なものとしてはジューサーバー・コーポレーションがあり、これは

▶1922年創業した桃山自動車がルーツ。1929年には京都遊覧乗合自動車の営業権を取得し京都定期観光バスを運行する

京阪バス

京都バス

◀京福電気鉄道の出資により設立。京都北部を中心に滋賀県大津市、高島市をエリアとする。

琵琶湖汽船

◀琵琶湖で遊覧船を運行する。琵琶湖をめぐるコースや竹生島クルーズなど琵琶湖レジャーには欠かせない。

駅構内などで営業するフレッシュジュースタンドであり京阪名物になっている。オレンジカラーで統一した明るい店舗だ。

京阪グループでは2020年を目処に「ATTACK2011」なる中期経営計画を策定しており、新しいロゴの制定、電車カラーリングの変更などもその一環と考えられる。

急増する国内外の観光客に対応するホテル事業

自社沿線外での事業展開も活発におこない、首都圏や北海道にも進出し京阪ブランドの全国展開に余念がない。「ホテル京阪札幌」「ホテル京阪浅草」を開業させてチェーン展開に乗り出した。

京阪がホテル事業をはじめたのは早く、1934年開業の「琵琶湖ホテル」に遡る。

これは現在の建物ではなく別の場所で開業したが、その場所は琵琶湖畔の柳が崎である。琵琶湖には1871年に「ホテル開花楼」が開業しているが、このホテルは開業後わずか2年足らずで日本旅館に変更されてしまい、京阪神地域などを中心とした外国人の宿泊需要に支障をきたした。

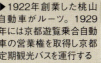

京阪ホテル

▲大阪、京都を中心に7店舗を展開。2016年10月から京都と京橋のホテルを「ホテル京阪グランデ」と改称し、ワンランク上のホテルをめざす。

琵琶湖ホテル

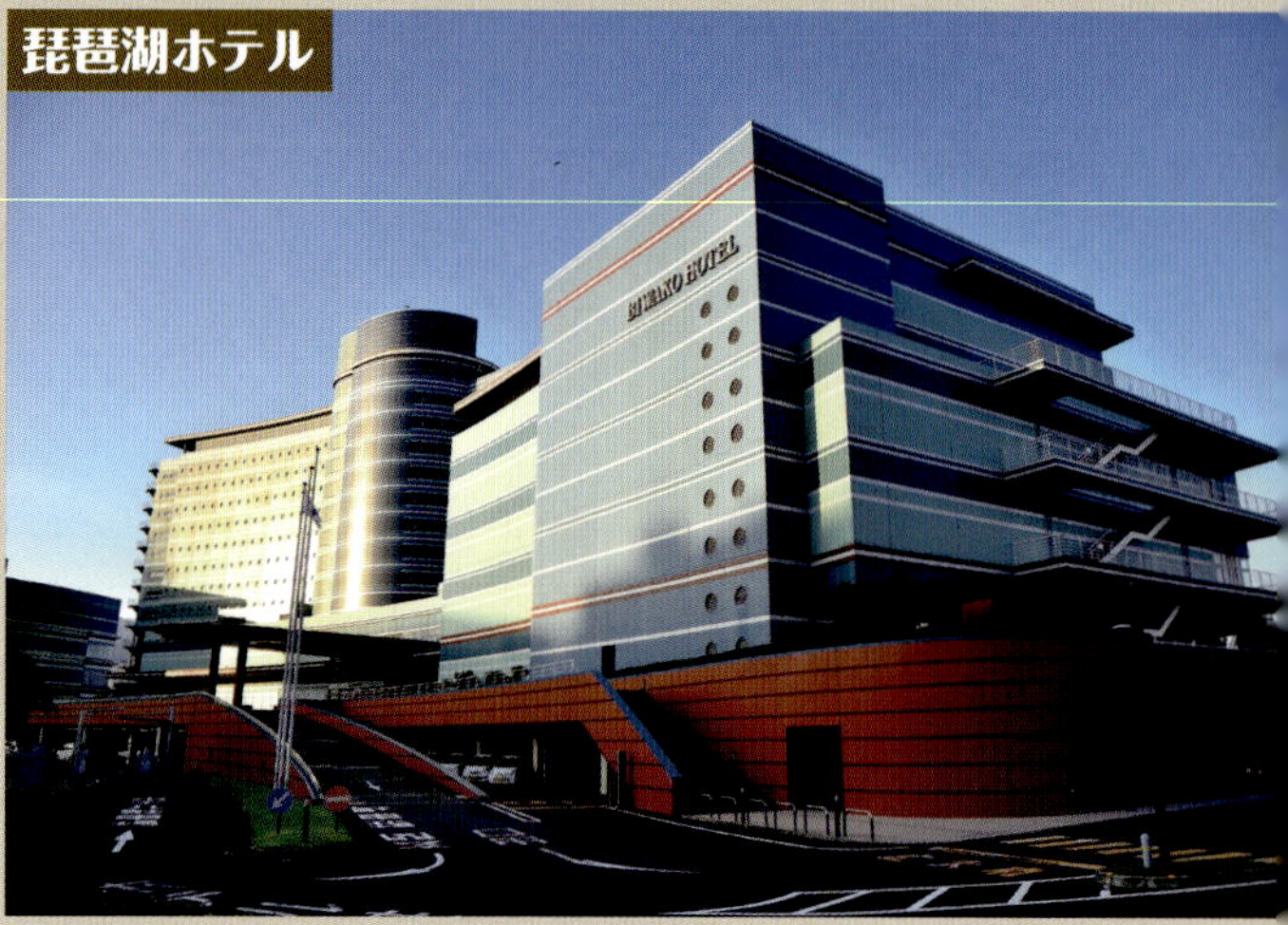

▲1934年に外国人観光客を誘致する国策のもと、国際観光ホテルとして創業。1998年に現在の浜大津アーカスに移転開業した。

京阪百貨店

▶1985年に守口駅前の守口車庫・工場跡にターミナルデパートとして開業した。大阪府内に5店舗展開。

滋賀県では、これの改善をはかるべく琵琶湖畔に洋式ホテルを建設して、同県の迎賓館的存在にすることを考え、その計画を東京美術学校の教授である岡田信一郎が主宰する設計事務所に依頼した。

岡田信一郎は1925年に東京・銀座の歌舞伎座を完成させている。「琵琶湖ホテル」も歌舞伎座と同じく桃山風破風造りとなり、ホテルとしては富士屋ホテルなどの建築に近似したものとなった。

このホテルの経営と運営をしていたのが京阪傘下の株式会社琵琶湖ホテルである。

同建物の老朽化が目立つようになったために閉館され、1998年に現在の浜大津へ移転、再開業したものが現在の「琵琶湖ホテル」である。

京阪では京都タワー株式会社を傘下に収めており、同社も京都駅周辺に京都タワーホテルをチェーン展開し、「ホテル京阪京都」と合わせて宿泊需要に対応している。

1999年8月に京阪電鉄ではホテル運営会社である京阪アーバンシステムズ、京阪リゾートシステムズを設立しており、両社はホテル京阪から同社が経営するホテルの運営業務を受託し

▲一時は京阪グループのなかで最も全国展開していたスタンドタイプの店舗。フレッシュジュースを売りにする「立ち飲み」ジュースバーで、フランチャイズ展開している。

▶海のない京都の町を照らす灯台をイメージした高さ100メートル（建物を含めると131メートル）のタワーで、1964年に開館した。

ている。

京阪では従来、1ホテル1経営および運営であったが、京阪電鉄が所有主体、ホテル京阪が経営主体、京阪アーバンシステムズおよび京阪リゾートシステムズが運営主体となり、一元化体制へ移行した。

世界的観光地を背景に堅調！ 定期観光バス

京都での定期観光バスを運行する京阪バスだが、京都における定期観光バスの歴史は古く、1929年の京都名所遊覧自動車（のちの京阪バス）に遡る。

これは定期観光バスとして1927年の別府亀の井バスに次ぐ歴史である。

京都定期観光バスも戦時下での休止をはさんで、1948年に京阪自動車（現在の京阪バス）により京都市内定期遊覧バスとして再開された。この再開は前年の1947年に春日奥山周遊バスを再開した奈良交通に次ぐ早さであった。

全国各地で定期観光バスが姿を消しているが、さすがに京都では健在で多くの観光客をたのしませている。

京都観光は半ば京阪グループの独壇上となっており、足と宿を押さえている点で強い。

岐路に立つ民鉄経営

不動産事業については前章で触れたとおり沿線各地（とくに樟葉）で住宅地開発や、マンション分譲をおこなうなど活発である。また中之島での再開発を実施しており、沿線資源の掘りおこしに注力していることが見てとれる。

京福電鉄に目を転じると、福井支社から鉄道部門を分離できたことで身軽になれた。

バス事業に特化した福井支社だが、地方のローカル交通固有の苦労が多いことは確かだろう。

その点では京阪の石山坂本線も採算的に厳しく見える。

どの民鉄もいま岐路に立たされており、従来の経験則が通用しなくなった。

乗客の増加と運賃の度重なる値上げによる収益の改善、そして不動産価値の連続的上昇による超過利潤の獲得が難しくなり、今後企業として継続的貨幣価値の獲得を得る新しいビジネスモデルを各社構築中である。

こうした状況下で京阪グループが、どのような戦略を見せるのか、今回の持株会社制への移行、京阪ホールディングスの設立もそのひとつといえよう。

当時にくらべればＪＲも民鉄も今は「まとも」になった。

在京各社の劣悪な接客態度と打って変わって在阪各社には常識があったと思う。

阪急は乗客を「御乗客」と言い、京阪の車内アナウンスには乗客への愛情を感じた。

今も耳に残る「みなさん、本日は京阪電車をご利用くださいましてありがとうございます。この電車は…」と乗客へ語りかける車内アナウンスである。

関西民鉄は互いにライバルなので乗客を大切にするが、関東民鉄はその意識が今までほとんどなかった。

阪神が京阪との統合を考えたのもライバルである阪急へ統合されることに抵抗が全くなかったと言えばウソになるだろう。

阪神と京阪が統合されていたなら京阪中之島線の西九条への延伸で線路は早期に繋がったはずだ。ただそうなることが無条件でよかったのか否かはまた別の問題である。

それは二重投資の危険をはらんでいるからだ。私は結果として阪急と阪神との経営統合はよかったと思っている。

鉄道経営はいたずらに競い合ってはいけない。それは適性投資を阻害する危険があるからだ。これが過ぎると共倒れしてしまう。ムダな投資へお金をまわす余裕があるなら株主への還元を優先するべきである。

安全を阻害する乗客には強い態度に出るべき

先に記したJR東日本の豊田事件？だが、インターネットの書き込みでは当該駅員への賛否両論がある。ここで私の意見を記すと鉄道従事者は常識的な乗客へ対しては低姿勢であるべきだが、安全を阻害する乗客へは制止的であるべきだと思う。

私はCA（スチュワーデス）の出身だが、エマージェンシーでは乗客に命令口調で指示しろと教育された。JALやANAは知らないがアメリカでは、これが常識であり交通従事者は普段はサービス要員だが、非常時にはセキュリティ要員になる。

鉄道従事者も私たち航空従事者と同じだ。

乗客へは硬軟取りまぜて対応する必要がある。このあたりのバランス感覚は経験則がモノを言うが関西民鉄は関東民鉄にくらべて一日の長があるように思う。

余談だが鉄道は私たちマニアの独占物ではない。多くの一般乗客に支えられている。私たちは一般乗客のお陰で楽しんでいる。

従って一般乗客に迷惑をかけてはならない。豊田駅でのトラブルについて、ある鉄道評論家がテレビ取材を受け、撮り鉄の「思い」に一定の理解を示す発言をしていたが、とんでもない話である。

列車の安全運行に支障を加える行為は鉄道営業法違反のみならず、刑法の往来妨害罪、往来危険罪の処罰対象にあたる。

一部の撮り鉄マニアの違法行為は、線路への置き石行為と変わらない。

京阪では1980年2月20日に線路への置石（コンクリートブロック）で5000系が脱線した事件があった。磯島置石事件である。脱線した車両の一部が民家へ突っ込んだ。未成年が犯人だったため、その親が責務を負うことになるが（民事上の）、一般人が負える金額ではとてもない。数百万円程度の額とは、わけが違うからだ。

果たして問題視されている一部の鉄道マニアたちに責任が負えるのかと言いたい。

鉄道従事者の接客態度がよくなってきた事と反比例して傍若無人な利用客が目立つようになった。実に情けない事である。

安全にお金をかけることもサービス

情けない話といえば私がかねてから危惧していた事故が、ついに起こってしまった。

ラッシュ時のことだが車両の揺れが原因して扉窓に頭を打ちつけた乗客が破損したガラスで負傷。実はその車両の扉窓には半強化ガラスが使用されている。通常、扉窓に半強化ガラスは使用しない。強化ガラスを用いる。

この件について私は10年以上前から危険だと指摘していた。関東某社であるが残念に思う。強化ガラスであれば粒状に割れるが、半強化ガラスだと粒状にならず板厚も3ミリと薄い。3ミリ厚では強化ガラスは造れないのである。強化ガラスであれば、たとえ割れても負傷しにくい。テレビニュースで偶然見たのだが、即座に○○電鉄の○○系だと思ったら、そのとおりである。

阪急などグレードが高いガラスを昔から使用している。ガラスの規格などわかる乗客はまずいない。わからないところにもお金をかけて乗客の安全を考えるのが関西民鉄である。

ここにも東西民鉄の社風が表れていると言えよう。この格差は想像以上に大きい。

軽い追突事故でも大破した車両もまた関東民鉄の車両であった。

「私鉄は関西」と昔いわれたが、今もそれに変わりはないようだ。

◀混雑する京橋駅。スムーズに電車を発着させることこそ、最大のサービスだ。

幻の合併構想と関東関西の気風の相違考

客商売として成長してきた関西民鉄
官僚的経営感覚の関東民鉄

阪神電鉄が村上世彰率いる村上ファンドの攻撃を受けた時のこと、京阪電鉄との合併で村上ファンドの持株比率を下げようと動いたことはよく知られている。

阪神も京阪もともに阪急をライバルとして経営してきた。鉄道史家の故・中川浩一をはじめとして阪神、京阪ファンが少なくないようだが、彼らに限らず鉄道業界人の中にも阪急を相手に挑戦する阪神、京阪にシンパシーを抱く人は多くいる。

日本人固有の「判官びいき」だと言えなくもない。

在阪大手民鉄同士はとくにライバル意識が強く見られるが、競合する路線が多いためだ。ここが関東と異なる業界事情といえよう。

それに同じ民鉄と言っても関西民鉄は純粋に私企業意識が強く客商売として成長してきたことに対して、関東民鉄は官僚的経営感覚が強く見られた。これは近年変化しつつあるが、それは少子化により旅客減少に起因する危機意識が芽生えたためだ。

先日、ＪＲ東日本・中央線豊田駅で、写真撮影中の“撮り鉄”のマナーの悪さに駅員が声を荒げ暴言を吐いたと、その時の動画が 2016 年 9 月 5 日にテレビ放映され問題視された。事の前後関係がわからないので何とも言えないのだが、しかし国鉄時代をよく知っている人なら、駅員の接客態度の悪さは痛感しているだろう。国鉄ほどひどくはなかったが民鉄でも大同小異であった。

まだ 1970 年代はじめの頃だが関東某民鉄の小駅でのことだ。この民鉄は一般に好感度が高い。観光輸送で知られている。だが、しかし有人改札のラッチ内に立つべき駅員が立っておらず駅務室へ列車到着後早々に引きあげたのだろう。少しおくれてと言っても３～４分だが下車した私は乗車券を置かず通過した。別に私はキップのコレクターではない。すると駅員が命令句調で私に注意？するので「君が悪い。改札に立っていなさい！」と反撃。中学生にそう言われた駅員は憮然としていたが、商業敬語教育をしろと当該民鉄の社長に会って注意したことがある。

その駅員は配置転換したと後日報告を受けた。当時、鉄道従業員の横柄な接客態度に泣き寝入りした乗客は多い。それが関東であった。労働組合の権利意識が間違った方向に暴走中の国鉄は手の着けようがなかったが、民鉄もほめられたものではない。

京阪の ③ 走る風景

京阪一の難所・京津線

京阪電鉄の車両

▲中之島線開業に合わせて登場した3000系。

6000系

▲従来の車両設計にとらわれず、次世代の車両を目指し製造された。

2000系

▶住宅開発にともない、沿線住民の増加に対応するために製造された。（写真：福田静二）

伝統的車両形態にとらわれず確立した新・京阪スタイル

京阪の車両は京阪線と大津線とに大別して見るとわかりやすい。

大津線とは京津線と石山坂本線の総称であることは今さら記すまでもないが、石山坂本線なる名称は難読線名に思える。ISHIYAMA―SAKAMOTO―SENと読むがISHIYAMAZAKA―HONSENとも読めてしまうからだ。

これは近鉄の田原本線（TAWARAMOTO―SEN）と同じパターンである。

意外というか当然というか関東人など誤読する人が少なくない。

京阪は阪急に次いで固定ファンが多い在阪大手民鉄であり、車両の個性も強い。

阪神もまた熱烈なファンがいる民鉄だが、車両のスタイル（デザイン）は近年登場した1000系、5700系を除くと平凡にまとまっており、あまりクセがない。

京阪も阪神も阪急ほど伝統的車両形態を死守せずにフルモデルチェンジをおこなっている。

近年における京阪は6000系がひ

1900系と3000系

▲京阪で4代目の特急専用車として製造された1900系（左）と、特急型車両初代3000系。

とつの境界となり新しい京阪スタイルを確立した。

2000系「スーパーカー」で確立した旧京阪スタイルからの脱却である。

5000系はユニークな車両だが、スタイル的にはマイナーチェンジと言えよう。

2000系で確立した旧来の京阪スタイルは卵形ともいえる柔らかな曲線にその特徴があり、グリーンの濃淡色がよく似合い、上品な感じがした。

どことなく小田急2600系、5000系、旧4000系に通じるものがある。

それは美しい曲線美ではなかろうか。

京阪における高性能車は1953年7月に登場した1800系であるが、そのスタイルは1700系を継承しており、外観は旧性能車と変わりなく地味なものであった。

1810系格上車を除く1900系でようやく高性能車らしい張り上げ屋根に変更している。これらは特急車両であり、一般車両の近代化は2000系から始まったと思える。

しかし、そのスタイルは前面に連結用の幌と吊り金具があり、車掌台側の前面窓を2段窓にしたため、やや古めかしく感じられた。

その後のリニューアルで改善された部分である。

一方、電装品については東洋電機の製品で統一され、一部に例外はあるものの伝統になっている。これは創立者ともいうべき渋沢栄一が東洋電機に関係が深いためと思われる。

カルダン駆動の実用化が早かった理由

京阪が車両の間接制御化を計画したのは1922年だが、この時に日立の電空カム軸式主制御器と、英国デッカー社（のちのイングリッシュ・エレクトリック社）の電動カム軸式主制御器を比較検討している。

英国での社債発行を予定していた関係で、デッカー社の製品を採用したとも言われている。このデッカー社の技術を国産化したのが東洋電機だ。

京阪初の高性能車である1800系では比較の意味から、東洋の中空軸平行カルダン（平行軸可とう板継手式）と、三菱のWNドライブ（平行軸可とう歯車継手式）を採用した。

1801が東洋車、1802が三菱車でMM編成を組み、東洋車の主電動機はTDK808／1B型を、三菱車の主電動機はMB3005A型を用い

5000系

▶片側面に両開き5扉を備える多扉通勤車は日本の鉄道車両で初めての試み。

13000系

◀2012年から宇治線を中心に運行されている。省エネルギー、バリアフリー対応になっている。

ている。

出力が異なり、ＴＤＫ８０８／１Ｂ型が90キロワット、ＭＢ３００５Ａ型が75キロワットである。

台車も異なっており、東洋車が汽車ＫＳ６型を、三菱車が住友ＦＳ３０２型を装着した。

両台車ともペデスタル形式であり、枕バネは金属バネである。

主制御器は東洋ＥＳ５５５Ａ型および東洋ＥＳ５６９Ｂ型を使用しており三菱製はない。これはおそらく重量が重い三菱の単位スイッチ式を嫌ったのではないかと思われる。

ブレーキ装置は発電ブレーキ併用だが空気ブレーキは減圧式の自動空気ブレーキであり、記号で示すとＡＭＡＲ−Ｄである。

この当時、ＨＳＣはまだ登場していなかった。（ややおくれて営団３００形がＳＭＥＤでデビュー）。

ところで、なぜ京阪がトップを切ってバネ上装架主電動機方式（いわゆるカルダン駆動）を採用したのか。

京阪は自動色灯式信号機を初めて採用したことで知られているが、この例をあげて進取の気風だと片付けては真相を見失う。

京阪がカルダン駆動をいち早く採用

▲丹波橋～伏見桃山のカーブを走る2600系。

本線のカーブ

▶中書島駅に停車中の3000系。駅のホームで大きくカーブしている。

した裏には路線線形に起因したと考えられ、それが曲線区間の多さである。ちなみに同じような条件だった阪神も早くから採用している。

バネ下重量が重いツリカケ式は軌道破壊力が大きく、曲線区間が多い線区では特に不利である。線路を内側からハンマーで叩いて走っているに等しい。振動にも問題がある。

京阪電鉄カーブ式会社としては軌道への負担を軽減したい。それに適しているのがカルダン駆動だ。こうした点からも早期に採用したと思える。このカルダン駆動の実用化は京阪がもっとも早かった。

技術面には見どころが満載

空気バネ台車の採用も京阪がそのトップカッターである。

空気バネはアメリカで自動車用に開発された技術であり、バスを中心に普及した。

鉄道に用いたのは日本のほうが積極的である。京阪では試作をふくめて1956年に登場。1759に装着した汽車KS50型台車がそれだが、枕バネではなく軸バネを空気バネにしている、大変めずらしい構造だ。

なぜそうしたのか推測するに、ベローズの強度上、大口径の物ができなかったための苦肉の策に思える。

やはり、バースト（パンク）が心配だったに違いない。枕バネは金属バネを用いている。かなりメンテナンスに手が掛りそうな構造の台車である。

乗り心地は良かったそうだ。

1956年といえば観光バスもまだリーフサス（板バネ）の時代である。

日本初のエアサス（空気バネ）を装備したバスは1957年5月の第4回全日本自動車ショウに参考出品された、民生デイゼル工業（のちの日産ディーゼル工業→UDトラックス）RF91エアサス車である。

量産は同年12月の6RF101エアサスからだ。

台車枕バネに空気バネを用いたのは、京阪1810系に使用した汽車KS51型からであり、これは円筒案内式のシンドラ台車である。

平坦線区用に電力回生ブレーキを採用したのも早く、京阪は技術的みどころが多い。

2016年4月1日現在における京阪電鉄の旅客営業車両数は691両。以下形式ごとに略記する。

京阪 1000系

▲1977年に導入した通勤形電車。

700系時代の特徴が残る3代目

界磁添加励磁制御、電力回生ブレーキ、1C8M方式へ改められた1000系だが、その出自について記すと700系の改造車として1968年～1970年にかけて製造されたものであり、旧1000系(2代目)および「びわこ号」60形の主要機器を再使用して誕生した旧性能車である。

1500ボルトへの架線電圧昇圧時に、5000系と同等の主要機器、台車に交換し、1000系(3代目)へ改善された。

その後もリフレッシュ工事をおこない、前面形状など近代化されているが、直ボデー、側扉間に2連ユニット窓が2組ならぶなどの特徴がある。側扉の開口幅が1.2メートルと他形式より0.1メートル狭い。

主制御器は東洋ACRF-H8155-790C型。主電動機は東洋TDK8120-A1型で出力155キロワット。台車はM台車が汽車KS77Aエコノミカル台車。T台車が住友FS399型積層ゴム支持台車で、ともにインダイレクトマウント式空気バネ台車であり、ブレーキシューは片押し式(シングル)である。制動方式はHRDA-1R（全電気指令式デジ・アナ変換電磁直通空気ブレーキ電力回生連動）である。

かつての700系が近代的な車両に生まれかわった。

7両編成×6本、計42両在籍。4M3T組成である。

▲旧塗装の1000系。

京阪 2200系

▲車体は2000系を踏襲しているが、性能は経済性を重視しMT編成となっている。

急行用として登場　高性能車の基本モデル

高加減速性能を誇った各停用2000系の急行用バージョンとして1964年に登場した車両であり、裾を絞ったRボデーなどは2000系に共通するが性能面では異なっている。急行用として製造された2200系は加減速性能を追求しない経済性を重視した設計となり、MT編成のため主電動機出力を130キロワットにして、歯車比を5.60（84：15）とした。

早い話が2000系の高コストに耐え切れず投入したと見るのが自然である。電制も一般的な発電ブレーキとしたが、やはり純粋な抵抗制御での電力回生ブレーキは、その機構が複雑なわりに回生効率がよくない点が嫌われたのだろう。

さらに乗務員の心理面を考えると、いつ回生失効するかわからない電力回生ブレーキより、安定した電制が利く発電ブレーキを好む傾向が当時多くあった。

とくに駅進入中において、電力回生ブレーキが思わぬときに失効すると定位置停車が難しくなる。電空切り換えの応答速度も当時はおそく、またバラツキがあった。

発電ブレーキは時速10キロあたりまで利くが、発電抜けは各車のクセがあるので、あらかじめ時速20キロ前後でマンスハンドルを切って、発電ブレーキを殺す乗務員もいる。これは京急でよく目にした。発電ブレーキは抵抗器容量を増加する必要があり、その分車両の自重が重くなる。

またジュール熱が大きいために夏場など、停車中に床下から熱風が舞い上がり不快だ。力行時に発生した熱は走行中に放熱するが、電制熱は停車中に放熱するので厄介である。

ブロワで強制風冷する手もあるが、今度は騒音という別の問題が顔を出す。

2200系がデビューした当時は、この発電ブレーキが多用されていたが、抵抗制御における宿命だと言えなくもない。

思い切って電制を省略した例もある。

2200系の主制御器は1C8Mで、東洋ACDF-H8155-576（改）。主電動機は出力155キロワットの東洋TDK817A/B型。台車は多種におよびMcとMがエコノミカル台車の汽車KS73A型、D型。

Tが汽車KS73B型、住友FS337B型、D型。Tcが住友FS337B型、住友FS337D型だが2350形（80番代）はSUミンデン台車の住友FS527A型である。

なお2200系は1987年に2226編成から界磁添加励磁制御への改造が始まり、電力回生ブレーキとなったが、2217編成、2225編成は未着手であり、2210編成は回生車（2210）と、発電車（2336）の混合編成になっている。

また、1985年に8連化用に増備された2350形（2381～2385）は7連化のため休車状態である。

7両編成×7本、および休車5両、54両在籍。4M3T組成である。

京阪
2400系

▲2200系の後継車両として登場。1988年から1990年にかけて内装や車体改修工事などのリニューアルをした。

関西民鉄初　通勤用車両に冷房を搭載

関西大手民鉄初の通勤冷房新造車として、1969年に登場した車両で、走行性能については2200系と同じである。

冷房方式は分散タイプで統一し、東芝RPU1509A型を各車に8台装備した。

2400系の主制御器は1C4Mの東洋ACDF-H4155-576B型で、直列17段、並列13段、弱め界磁10段、電制34段であったが、1988年より1C8M化、界磁添加励磁制御化で現在では東洋ACRF-H8155-790B型へ変更されており、電力回生車になっている。

主電動機については直流直巻電動機の東洋TDK817A/B型で、その出力は155キロワットであり2200系との共通品である。

界磁添加励磁制御は直巻電動機の界磁子電流を低圧補助電源装置から抽出した電力で励磁制御することで電力回生ブレーキを可能にしたシンプルな方式のために非回生車の回生化で採用されている。

この励磁電流は循環電流である点に特徴があり線路へ帰線しない。

台車はM台車が汽車KS76A型エコノミカル台車、T台車が住友FS337E型となっている。大手民鉄の中で現在、エコノミカル台車はほとんど目にしない台車であり、京阪のみとなっている。軸バネがない1自由度系台車で、同じような構造をしたものに東急パイオニア台車があるが、これも姿を消している。

このタイプの台車の欠点はバネ下重量が重くなることだ。したがってT台車であれば問題ない。ただ空気バネのオリフィス(絞り弁)調整が難しく、扱いにくい台車といわれている。もともとはアメリカ生まれの技術のため日本の線路状態には不向きなのかも知れない。きわめてシンプルな構造をした台車である。

2400系は7両編成×6本、42両在籍。組成は4M3Tである。

なお、2400系の主制御器は真空リレーやトランジスタ・サイリスタが用いられ無接点化されている点にその特徴が見られた。

◀旧塗装の2400系。

京阪 2600系

▲2000系の代替用として新造。

2000系の主要機器を流用　台車のバラエティさが特徴

1978年から1981年にかけて自社寝屋川工場で製造された車両だが新造車だけでなく2000系を種車とした更新車と、川崎重工で製造した新造車とがあり、前者を0番代、後者を30番代としている。

2000系の主要機器を流用して誕生。

現在2600系は界磁位相制御車であり、複巻電動機（東洋TDK8135A型。出力155キロワット）の分巻界磁電流をMG（電動発電機）より抽出し、サイリスタで位相制御をする。

このMGはブラシレスのBL-MGであり、高圧予励の発電側をブラシレスとしたものである。

CPはドレン除去装置付きへ改め、空気タンクや配管の防錆効果を高めており、CP（電動空気圧縮機）は外気を取り入れて圧縮することから高温多湿な圧縮空気を吐出するため、アフタークーラーで冷却するが、さらに化学反応を利用して除湿している。

2600系の主制御器は1C4M方式の東洋ACRF-H4155-755A型。

台車は多岐にわたり複雑をきわめる。

汽車KS台車、川重KW台車、住友FS台車だが、それぞれに入り乱れており台車振り換えが多く1両ごとに違うとまでは言わないが、それに近い。

もともと京阪は台車のバラエティに富むが2600系はその代表格である。

京阪にないのはシュリーレン台車、シェブロン台車、パイオニア台車ぐらいであろう。

とにかく種類が多いこと、おびただしい。

こう種類が多いとメンテナンスも大変なのではないだろうか。

2600系は7両編成×7本、49両在籍。組成は4M3Tである。

▲旧塗装の2600系。

京阪
5000系(アルミ車体)

▲1997年から内装を一新した。

ラッシュ時対策として登場　日本初の5扉車

1970年、増加する通勤通学客を捌くために導入した5扉車両で話題になった。車体はアルミ合金製で軽量化している。

ラッシュ時における定時運行を確保するためには、乗降時間の短縮がその鍵を握る。そこで考えられる手法は扉数を増やすのか、あるいはまた扉の開口幅を大きくするかだ。

京阪では扉数増加の方法を採用して成果をあげたが、ホームドア装置が求められるようになると、この手の車両がネックになる。

5000系の3扉化は簡単にできるが車齢を考えるとどうだろうか。

制御方式は界磁添加励磁制御へ更新しており、下まわりのリニューアルもおこなっているので古さは感じない。

主制御器は1C8M方式の東洋ACRF-H8155-792A型。主電動機は出力155キロワットの東洋TDK8120A型。

デビュー時は130キロワットの東洋TDK817型であり、主制御器も東洋ES585A型であった。ブレーキ装置はHRD-1DからHRDA-1Rへ変更されている。

台車はM台車が汽車KS76A型、川重KW31型。T台車が住友FS337E型、住友FS399A型である。

5000系はラッシュ対策のピンチヒッターという性格で誕生しているので、現在では異端車的な存在になってしまった。

ある時代を反映した車両であり、それは高度経済成長期を象徴していた。

この5000系が竣工した年に大阪万博が開催された。営業デビューは1970年12月である。

5000系は7両編成×7本、49両在籍。組成は4M3Tである。

▲閑散時間帯は2扉を閉め切り、格納していた座席を復して、座席定員を増やすというユニークな車両。

京阪 6000系(アルミ車体)

▲1984年に鉄道友の会のローレル賞を受賞した。

デザイン一新　輸送力の拡大に大きく貢献

京阪は1983年に架線電圧を直流1500ボルトへ昇圧したが、6000系は初の1500ボルト専用車として登場した車両であり、従来の京阪スタイルを一新したスマートな外観にその特徴がある。

Rボデーを直ボデーへ改め、前面をフルモデルチェンジするとともに、側窓の大型化、1枚下降窓化で側扉間に2枚の側窓が配されている。

前面に非常扉を設けているが、目立たないデザイン処理がされ一見すると前面非貫通車のようである。

この流れはひとつの流行になり、京王1000系、京急600形(3代目)などへ波及した。

久しぶりの電力回生ブレーキ車として新造された界磁位相制御車である。

主電動機は出力155キロワットの東洋TDK8135A型。主制御器は1C8M方式の東洋ACRF-H8155-780D型であり、ブレーキ装置は1次車がHRD-1Rだが、1986年10月デビューの2次車からHRDA-1Rとなった。

1次車が空気圧演算形で多段式中継弁を用いていることに対して、2次車からは電気演算形となり、電空変換弁が使用されている。

台車は従来のインダイレクトマウントからダイレクトマウントへ変更され、機構を簡潔にした。M台車は円筒案内式の川重KW50型、川重KW66型、川重KW66A型。

T台車は住友FS517型、住友FS517A～C型で、SUミンデン式である。

車体は押出し型材による一体工法が採用された点が5000系のスケルトン工法と異なっている。

8両編成×13本、7両編成×1本、休車1両、112両在籍。組成は4M4T、4M3Tである。

▲旧塗装の6000系。2013年から改修工事を進めている。

京阪 7000系(アルミ車体)

▲車体は6000系を踏襲し快適性を継承した。

京阪初のVVVFインバータ制御車

1989年に開業した鴨東線(三条〜出町柳)に備えてデビューした車両で、京阪初のVVVFインバータ制御車である。

外観は6000系と大差がなく前面デザインをマイナーチェンジしたに過ぎない。

6000系が行先表示器と種別表示器を前面窓内に一体ケーシングしていることに対して、7000系ではそれら表示器を独立させたために顔付きが変化した。

前面を垂直にしたこともあり、6000系と異なる印象を受ける。

車体側面のデザインでは側窓の四隅にRを付けて、やさしい印象を受けて好ましいが、前面窓まわりはRがないデザインなので、どこか統一美に欠けている。

主電動機は出力200キロワットの三相交流誘導電動機の東洋TDK6150A型。

主制御器はGTO-VVVFで2ステップ方式インバータ、東洋ATR-H4200-RG622AM型。ブレーキ装置はHRDA-1Rである。

台車はM台車が軸梁式の川重KW77型、T台車がSUミンデン式の住友FS517型であり、ともにダイレクトマウント空気枕バネで、ボルスタ付き台車である。

ブレーキシューはKW、FS共通でシングル。

軸梁式ボルスタ台車は川重の面目躍如といったところで、川崎車輛時代のOK台車の流れを汲む伝統作だ。この台車は、一時その存在が薄らいでいたが、再び台頭してきた。

7000系は7両編成×4本、28両在籍。組成は3M4Tである。

▲6000系から編入された7004系。

京阪 7200系(アルミ車体)

▲7000系をベースに、お客様にやさしい車両というコンセプトで改良を行っている。

7000系の改良車 前面ガラスを大きくした新しいデザイン

1995年に登場した7000系の改良車で、前面デザインは垂直断面ながら6000系で採用した大型ガラス窓で、すっきりとまとめている。乗り心地を向上させるために台車間中心距離を300ミリ拡大して12600ミリへ変更。

主制御器が東洋ATR-H4200-RG622BM型となり、7000系と同じく2ステップGTOながら主変換装置質量が軽量化され、7000系の1070キログラムに対して940キログラムになった。

素子容量は同じで、4500ボルト耐圧、最大制御可電流3000アンペアである。

インバータ容量は7000系の1300キロボルトアンペアより若干小さい、1235キロボルトアンペアになっている。

制御周波数は同じで、マイナス7～160ヘルツである。

主電動機については7000系とほぼ同じで、質量が740キログラム、定格回転数が1755rpm、最高回転数が5368rpmの東洋TDK6151A型であり、歯車比も同じ6.07である。

台車はM台車が川重KW77型、T台車が住友FS517C型となっているが、M台車は例によってサフィックスでA型、B型と細分表記の別がある。

釣り合い速度は時速120キロ、加速度性能2.8キロは汎用車らしいスペックといえよう。7200系の窓はパワーウインドーという点が目新しかった。

8両編成×1本、7両編成×2本、22両在籍。組成は4M4T、3M4Tである。

▲ロングシート化され、7200系とほぼ同じになってしまった。

登場時はセミクロスシート車 ラッシュ時緩和のために登場

7200系をベースとして初の3層セミクロスシート車であったが、現在はロングシートへ改造されている。

そもそも9000系は1997年にデビューし、特急の主要駅停車化に則した設計がされていたが、3000系の登場でその任を譲り改造された。

走行性能については7200系と同じであるので、ロングシート化後はあえて形式を分ける意味がないように思う。

主制御器は東洋ATR-H4200-RG622B型。主電動機は東洋TDK6151A型(200キロワット)。

台車はM台車が川重KW77C型。T台車が住友FS517C型である。

車体は7200系と大差ないが寸法取りに相違が見られ、側窓間寸法が100ミリ拡張されている。

8両編成×3本、7両編成×2本、38両在籍。組成は4M4T、3M4Tである。

▲登場時は車体の塗装に独自のラインが入り区別されていたが、現在はほかの車両と同じになっている。

京阪 10000系(アルミ車体)

▲正面は7200系と変わらないが、バリアフリー化など時代に合ったアレンジがなされる。

バリアフリー化と省電力、コストダウンが図られる

2002年春にデビューした車両で4月までに1次車として3編成が、2006年に2次車として同じく3編成が投入された。

1900系、2600系の置き換え用として製造された車両である。

基本スタイルは7200系と同じであるが、床面高を20ミリ低くし、屋根高を10ミリ高くした。

台車はM台車が川重KW77D型であるが、T台車は1次車が住友FS517E型、2次車が川重KW77DT型である。

主電動機は出力200キロワットの東洋TDK6151B型。定格回転数1755rpm、最高回転数5368rpm。質量730キログラムであり、これは7000系が装備しているTDK6150A型とくらべて10キログラム軽量化されている。

主制御器は京阪初のIGBT-VVVFインバータとなり、1C2M×2群制御をおこなう。インバータ容量は700キロボルトアンペア×2、素子容量は3300ボルト耐圧、最大制御可電流800アンペア。

形式名は東洋ATR-H4200-RG678A型である。

周波数はマイナス7～180ヘルツ。2ステップ方式インバータだ。

ブレーキ装置はHRDA-1R。この方式は6000系の2次車以降共通である。

7両編成×1本、4両編成×5本、27両在籍。組成は、2M2T、3M4Tである。

なお7両編成は、2016年2月17日に組成しており、10701(T2)は旧9601、10101(M2)は旧7301、10701(T3)は旧9602であり、他形式からの編入だが、10551(T4)のみ同じ10000系から組み換えたもので、旧10651である。

▲デビュー当時はターコイズグリーン一色の試験塗装が施されていた。

京阪 13000系(アルミ車体)

▲衝突事故時の安全性を高めるため、先頭構体の前面強度の向上やオフセット衝撃対策を施している。

支線向けに導入　安全を守るための工夫も

宇治線用として2012年春にデビューした形式で、10000系をベースとしている車両である。

性能は釣り合い時速110キロ。加速度2.8キロ、常用減速度4.0キロ、非常減速度4.3キロ(単位はkm/h/sec.)である。

主制御器は、2ステップPWM制御IGBT-VVVFインバータ制御の東洋ATR-H4200-RG6004A型。1C2M×2群方式で、3300ボルト耐圧、最大制御可電流800アンペアとなっている。

主電動機は出力200キロワットのTDK6151C型である。歯車比は6.07（14：85）のTDカルダンで形式はKD506-D-M型。

台車はM台車が川重KW77D型。T台車が住友FS577型であり、KW77D型は軸梁台車、FS577型はモノリンク台車で、ともにボルスタ付きダイレクトマウント台車である。

CPは交流駆動のHS-10で吐出容量は毎分1000リットル。

SIVは待機2重系3ステップIGBT-SIVで、容量は160キロボルトアンペア、三相交流220ボルト、60ヘルツで出力する東洋SVH160-4049A型である。

現在、13000系は宇治線、交野線のほか、本線運用も見られる。

4両編成×6本、7両編成×2本、38両在籍。組成は2M2T、3M4Tである。

13000系は、3000系とよく似た前面をしており、スラッシュムーンが京阪の顔として定着してきた。

京阪らしい落ち着いた感じの通勤車両に仕上がっている。

▲座席中間部に縦手すりが配置されている。

京阪 3000系(アルミ車体)

▲中之島線開業のシンボルかつ次世代のイメージリーダーとして新造された。

3扉クロスシートで登場 和モダンに仕上げたデザインが斬新

中之島線開業に備えてデビューした3扉セミクロスシート車で、京阪グループの新しい企業イメージを担って登場し、そのカラーリングも従来の京阪にない新色が採用された。

特急車の赤、一般車の緑、3000系「コンフォートサルーン」の青。カラフルな路線である。

車体上半をエレガントブルーに、下半をアーバンホワイトで仕上げ、スマートシルバーの帯がアクセントカラーとして映える。

車内はクロスシートが主体で横3列(2-1)としており、乗務員室直後のみ横4列(2-2)である。ロングシートは車端部のみだ。車内インテリアもシックにまとめている。走行機器は10000系と大差なく、主電動機はTDK-6151C型(200キロワット)、主制御器は東洋ATR-H4200-RG6004A型で1C2M×2群制御をおこなう。

台車はM台車が川重KW77E型。T台車が住友FS577型で、ともにボルスタ台車となっている。

3000系はいわゆるデザイナーズ・トレインであり、ファッショナブルだがこの手の車両にありがちなくどさがなく全体をバランスよくまとめている。

和のテイストを車両の内装に採り入れようとして、やたらと木材を多用し、まるで「お座敷列車」か「料亭」か、はたまた「幼稚園」かと思うような車両が多い中、数少ない成功例である。

3000系は安易な和風インテリアではなく、コンテンポラリーな和モダンに仕上げてあり、そこがチャームポイントになっている。鉄道車両には鉄道車両にふさわしいデザインがある。住宅など建物と勘違いしたような「和風」趣味には閉口してしまう。

この手のモノが最近増え過ぎた。奇抜なデザインはすぐに飽きてしまう。

3000系の凛としたさわやかさは乗っていて心地よい。近鉄のシリーズ21とともにグッドデザインと評価したいと思う。

8両編成×6本、48両在籍。組成は3M5Tである。

◀座席配置を1列+2列の自動転換クロスシートを含むセミクロスシート。

京阪 8000系(一部を除きアルミ車体)

▲かつては、車内にテレビを設置した車両(テレビカー)も連結されていたが、2011年の車内リニューアルの際にテレビは撤去された。

2階建て車両も連結 ロングシートとクロスシートの併用

京阪のフラッグシップ・トレインが「エレガントサルーン」こと8000系。

2扉セミクロスシートだがロングシートはごく一部であり、実質的にはオールクロスシートと言ってもよいほどだ。

8000系も5000系から続くアルミ合金製車両だが、ダブルデッカーの8800は鋼製車体となっている。

主電動機出力は175キロワット。東洋TDK8160A型。主制御器は東洋ACRF-H8175-792A型で、界磁位相制御である。

台車はM台車が川重KW88型。T台車が住友FS517D型で、M台車は軸梁台車、T台車はSUミンデン台車である。

走行性能は特急用として突出したものはないが、定速指令制御が時速45キロ以上で可能だ。曲線区間が多い京阪にとって有利な方式であり、停車駅間距離が比較的長い運用で威力を発揮する。

8000系のワンハンドルマスコンのP側は1、2、ー、N、+となっており+で加速、ーで減速、Nで現在速度キープとなっている。B側は常用が1～7、非常の8ステップで、これは標準的なものである。

ブレーキ装置はHRDA-1R。電気演算形であり、M車T車ともに電空変換弁を使用している。

定速指令についてだが、界磁位相制御では主電動機の他励界磁電流を制御することで可能だ。つまり電機子の回転が指令した速度より遅くなれば界磁電流を弱め、速くなれば界磁電流を強めればよい。

ところで京阪特急といえばテレビカーで知られていたが、私の世代からみると不思議に思えた。生まれた時からカー、クーラー、カラーテレビが当たり前の世代だから、なぜ電車にテレビがあるの?と。

だが昭和30年代はじめ頃はテレビがめずらしかったと聞き、京阪のアイデアに納得したおぼえがある。いかにも関西らしいサービスマインドに思えた。

京阪特急の人気を支えたひとつに、このサービス精神がある。

8000系は8両編成×10本、80両在籍。組成は4M4Tである。

ここまで記した車両が京阪線の車両であり、ここからは大津線車両について記す。

琵琶湖や比叡山の風を感じる路線、それが大津線だ。

▲ダブルデッカー車両の内部。

京阪 600形

▲京都市営地下鉄東西線開業前は大津線全区間でも運用されていた。

京津線地上時代の最後の主力

かつては京津線準急としても活躍した車両だが、現在は石山坂本線で使用されており1997年10月に移籍された。

デビューしたのは1984年であり、以降増備が続き1988年増備の4次車がラストナンバーである。

大津線初の冷房車で、初年度に登場した8両は300形の車体を流用している。

但し前頭部については新造構体である。

全長15000ミリ(車体長14400ミリ)全幅2380ミリの小型車で台車間中心距離は9000ミリだ。

前面を内傾させたフラットなマスクをしており、700形と印象が異なる。

2扉両開き側扉や側見付けは700形と同じで外観上の違いは前面のみである。

細いセンターピラーで2分割された前面窓は601編成～607編成が平面ガラス、609編成～619編成がパノラミックウィンドーであり、印象が異なる。

主電動機は直流複巻の東洋TDK8760A型で、出力は70キロワット。主制御器は東洋ACRF-H870-793A型で界磁位相制御である。

主要機器については1993年から昇圧対応工事で現在の機器へ交換された。

電制は発電、回生ブレンディングであり33パーミルの急勾配上での回生失効に備えているのが特徴。空制はHRD-1DRである。

台車は住友FS503A型インダイレクトマウント台車で空気バネを持つ軸バネ台車だ。

2両編成×10本、20両在籍。組成は2Mである。

▲かつて260形や300形がまとっていた特急色を600形に再現したイベント用塗装。

京阪
700形

▲600形の増備車として計画した車両。

7000系と同期
デザインに共通点を持つ3代目

500形、350形(後期車)の車体を流用して1992年にデビューした車両で、前面が垂直となり、600形と印象が違うが、これはちょうど6000系と7000系との関係に同じである。

走行機器、ブレーキ装置、台車とも600形と同様。

主電動機端子電圧はDC375ボルトで設計され、600ボルト時代には2S2P接続で、1500ボルト昇圧後は4S1群を直並列接続で使用している。

分巻界磁電流はSIV電源から抽出して界磁位相制御をおこなうが、SIVには昇降圧をサイリスタチョッパでおこなう高低両電源対応のSIVを用いた。またCPのうち1台は交流駆動だが、もう1台は複電圧対応の直流駆動とした。

HRD空制は大津線初採用となった。

2両編成×5本、10両在籍。

組成は2Mである。

▲80形誕生55周年を記念した80型塗装を施した700形。

京阪 800系

▲京都市営地下鉄東西線から京津線に直通運転用に新造。東西線はワンマン運転のため、それに合わせた装備が搭載される。

京都市営地下鉄専用車両として登場 京津線初の4両編成車両

京津線の三条〜御陵間が京都市営地下鉄東西線の開業で廃止となったのは1997年10月であるが、京津線は御陵で地下鉄東西線と結ばれ、浜大津〜京都市役所前を直通するようになり、太秦天神川《うずまさてんじんがわ》まで直通で行けるようになった。

この地下鉄乗り入れ用車両が800系である。1997年にデビューした車両で鋼製車体を用いている。アイボリーホワイトをベースカラーにして、パステルブルーとパステルイエローでアクセントを付けた美しいカラーリングに仕上げた。

急曲線あり、61パーミルの急勾配ありの厳しい路線を走行する。

アルミ合金ではなく鋼製車体にしたのは、併用軌道区間があるためで自動車と接触した場合、その修復工事を容易にする目的からである。前面スカート部と車体側面下部にLEDの車幅灯を装備している。

全長は16500ミリ、全幅は2440ミリの中型車両である。

側面3箇所に1300ミリ幅の両開き側扉があり、側窓は扉間2枚、連結面間1枚としている。床面高が900ミリと低い。天井高を2200ミリ確保するために薄型クーラーを用いており、300ミリ厚のうち、200ミリを構体内部に沈めている。クーラーは1万5000キロカロリー時×2台(東芝RPU-6012型)である。

主電動機は出力90キロワットの東洋TDK6152A型。主制御器はIGBT-VVVFの東洋ATR-H890-RG662A型。インバータ周波数はマイナス7〜180ヘルツ、容量430キロボルトアンペア、主変換装置質量850キログラム。

ブレーキ装置はHRDA-1Rであり、ATOに対応してデジタル指令は27段設定されている。またブレーキシューには合成レジンではなく鋳鉄が用いられ、低速域での急減速性能を重視した。

台車は一見するとボルスタレス台車に見えるがボルスタ付き台車であり、形式は住友FS558型を装着している。車輪径は660ミリメートル。モノリンク支持式である。

4両編成×8本、32両在籍。

組成は4Mである。

◀全長64メートルと、軌道法で制限されている30メートル以下の規格外だが、特例として認められている。

2000系「スーパーカー」

▲当時は阪神の「ジェットカー」や近鉄の「ラビットカー」などと同様に高加減速性能を持っていた。　（写真：福田静二）

思い出の名車

関西大手民鉄をリードした京阪車両の原点

1959年に登場した2000系はスーパーカーの愛称で知られた通勤通学用車両で、一時代における京阪スタイルを確立した名車だと言えよう。その後に続く2200系、2400系、2600系などのベースになった車両である。

75キロワット出力の補極補償巻線付き複巻主電動機を採用し、応荷重可変装置と連動したHSC-R電磁直通空気ブレーキにより応答性、操作性にすぐれた車両となった。

高加減速性能を有する車両で、その加速度は4.0km/h/s、減速度は4.5km/h/sであり現代の車両より加減速性能にすぐれている。

主制御器(東洋ES715A/B型)はカム軸モーター指令回路に磁気増幅器を用いて一部無接点化しているなど技術の先端を取り入れた。電力回生ブレーキを停車ブレーキに使用した嚆矢でもある。これは可変界磁抵抗器をサーボモーターで制御して界磁電流を制御しており、これを電子化したものが10年後に登場した界磁チョッパ制御である。

2055～2058では減流起動方式を採用し、空転検知、自動再粘着装置が付加されている。

台車は空気バネで乗り心地が柔らかく、汽車KS63型エコノミカル台車およびローリングシール式の枕バネの住友FS337型台車を装着。

空気バネがまだ珍しかった時代である。

関西大手民鉄をリードした車両だ。

セミモノコックのRボデーも2000系を特徴づけている。車両の軽量化にこの構造が大いに役立った。

2000系は京阪車両の原点と言っても決して過言ではない。

磁気増幅器や電力回生ブレーキは東洋電機の技術に負っている。車両機器専業メーカーの底力を感じることができる。

京阪2000系は当時においてトップレベルの通勤型車両であった。

空気バネ台車、電力回生ブレーキを備えた車両は非常にめずらしい。

よく台車の京阪、技術の京阪と言われるがそれを形に現わした車両が、この2000系スーパーカーであった。

記憶にとどめたい名車である。

京阪電車に乗って近鉄線を見学

近鉄の名橋梁の見学の最寄り駅は京阪の観月橋駅

本文(P25)に記した京阪本線の木津川、宇治川橋梁とならび、京都盆地には近鉄京都線にある澱川《よどがわ》橋梁も名橋として知られている。

桃山御陵前～向島間にある橋梁だが、これを見学するには京阪宇治線の観月橋駅から行くのがいちばん便利である。

澱川橋梁は20メートル級の車両による8両編成が収まってしまう日本一のワンスパン・トラス橋で一見の価値がある。

橋梁最高点は下弦材下部から24.4メートルにおよぶというから巨大だ。

1928年に完成したもので、橋長162.4メートル(橋台前面間)、設計者は関場茂樹、川崎造船所が製作した下路式曲弦分格プラットトラス構造橋である。いわゆるペンシルバニアトラス桁だ。

きわめて複雑に見える構造だが、これは意外にシンプルでありボックス構造の対傾構およびダブルレーシングの上横構などの部材が目立つためと思える。

残念ながら私は橋梁工学の素人《しろうと》なので、くわしいことはわからないのだが、この橋梁を見学すると橋梁上弦材のポジションが中央部で高くなっており、また垂直材、斜材も長くなっているので、垂直材間の格間が開くため不安定になりやすく見える。

それの解決策として斜材を2等分した位置において、そこで分格することで副垂直材と副斜材、副主材などを挿入して強度を高めていると思える。

このようなロングスパン橋の常として、中央部の荷重と橋梁自体の重量により曲げモーメントがどうしても大きくなってしまう傾向があり、それへの対応策としてペチットトラス桁を採用したのではないだろうか。

澱川橋梁の架設地は当時、陸軍工兵第16大隊の架橋演習地のために橋脚の建設に許可を得ることができなかったそうだ。

当初、奈良電気鉄道(現在の近畿日本鉄道)では、70フィート鈑桁6連と、40フィートの鈑桁2連のプレートガーダー橋とする予定だったらしい。

この条件で交渉したと記録が残っている。しかし、結局はゴーサインを得られず、ならば無橋脚で建設しようと考えたようだ。

この間の経緯については1930年8月発行の土木学会誌に紹介されている(澱川橋梁工事報告概要として)。

この澱川橋梁の建設が決まったのが1927年9月。アメリカのベツレヘム・スチール社に材料をオーダーした。翌年早々に材料が届き(神戸港で陸揚げしたとの資料あり)、これを川崎造船所へ運んで製作し、加工済みの材料を5月から現地へ淀川の舟運を使って搬入したとある。

余談だが澱川というのが当時の正式名称であった。

仮組立てを省略して現地で本組立てを実施している。

組立て終了後にダークグリーンにペインティングしたが、光明丹の下塗りは川崎造船所で実施済みであった。

現地では材料到着を待たず先に橋台を完成させた。これが巨大構造物であり、堤防の断面積と等しい。本体の大半部分が堤防内に埋まっているので大きさを実感することは難しい。この工事では川中に松の丸太杭を打ち込み床張りを施して工事を進めたが、橋梁中央部2パネル分はクレーン設置のために京阪電鉄から古鈑桁が提供されている。

なお京都側の支承が固定、大和西大寺側の支承が可動である。

トラス構造は2パネル・ユニットとなり独特のシルエットが風景に映える。1パネルは約9.14メートルだ。

2000年に登録有形文化財(建造物)に登録された。

◀近鉄京都線の澱川橋梁。

京阪電鉄の歴史

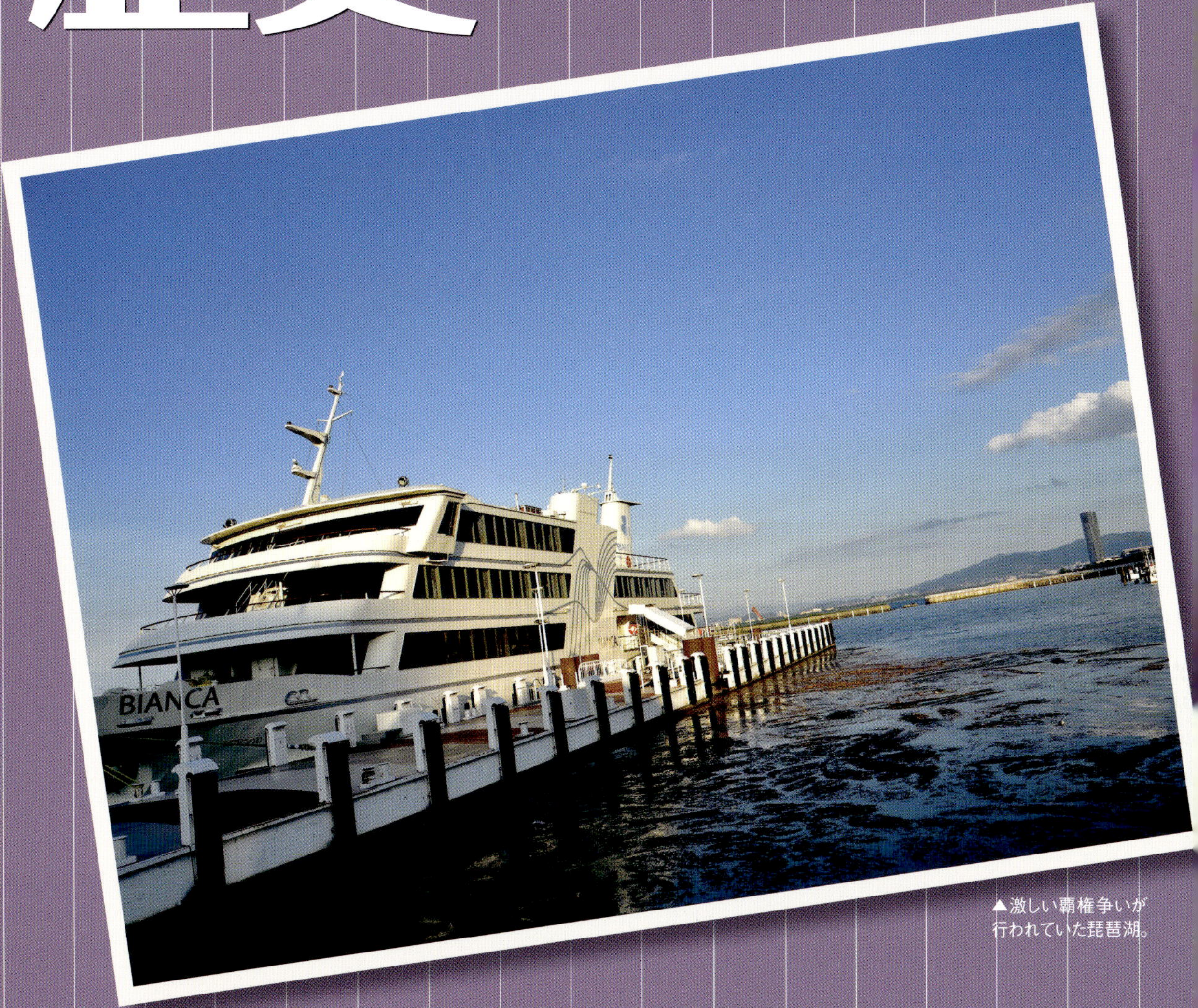

▲激しい覇権争いが
行われていた琵琶湖。

▲戦前までは電力事業も行っていた。

合併を重ねて拡大していった京阪

今日の京阪電気鉄道（京阪電鉄）は正確を期するなら2代目であり、1906年11月19日に設立された京阪電気鉄道が初代となる。

関西大手民鉄も第2次世界大戦下での戦時企業統制による合併を経験しており初代の京阪電気鉄道は1943年10月1日に阪神急行電鉄と合併した。

京阪神急行電鉄の一部となり、1949年12月1日に分離独立し、京阪電気鉄道として再出発している。

関西大手民鉄として、この戦時企業統制に無縁だったのは阪神電気鉄道（阪神電鉄）だけであった。

地域別ブロック化を意図して制定された陸上交通事業調整法の主旨からすると阪急と京阪との統合は、いささか不自然な感じがある。

むしろ阪急と阪神との統合が自然に思えるが、そうはならなかった。

そこには阪急サイドの思惑があったと思えるが、結果として阪急は戦後の分離で新京阪線を得ている。戦時統合の結果として戦前から保有していた幹線を失った大手民鉄は京阪と小田急だが、小田急は帝都線（現在の京王井の

▲日本の資本主義の父と呼ばれる渋沢栄一は創立委員長だった。

▲鉄道省から京阪電鉄に入社し庶務課長に就任。

頭線）を失った見かえりに給付的に箱根登山鉄道、江ノ島電気鉄道（現在の江ノ島電鉄）、神奈川中央乗合自動車（現在の神奈川中央交通）を得ている。

これに対して京阪にこうした見かえり給付はおこなわれていない。

関東では東急の五島慶太による企業買収を統合の理由としていたが、関西でのそれは、より純粋な戦時統合色が濃く、そうした違いも大きい。

京阪電気鉄道の創立が1906年だと先に記したが、計画段階での商号は畿内電気軌道であり、それを京阪電気鉄道へ改称して創立している。

1906年8月30日に発起人総会が開催され創立委員長に渋沢栄一が選任され会社設立へ向けて始動。

同年11月19日、東京商業会議所（のちの東京商工会議所）において創立総会をおこない、京阪電気鉄道が発足した。

大阪ではなく東京で創立総会を開いた点が興味深い。

1910年4月15日に大阪天満橋～京都五条間28マイル75チェーンが開業した。

その後、京阪電気鉄道は多くの会社を合併しているが、その多くは電力会社で占められている。

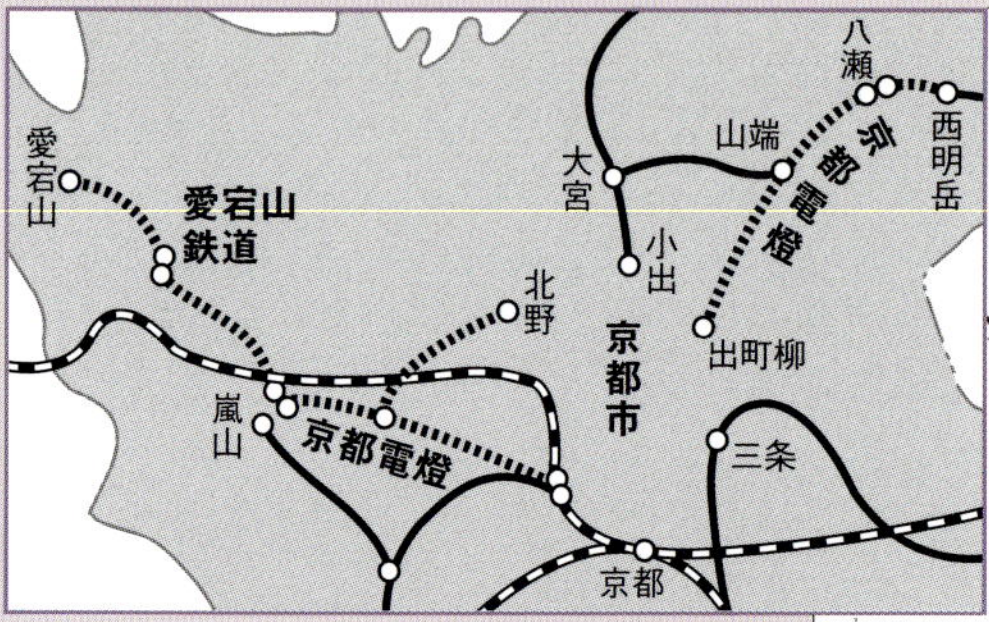

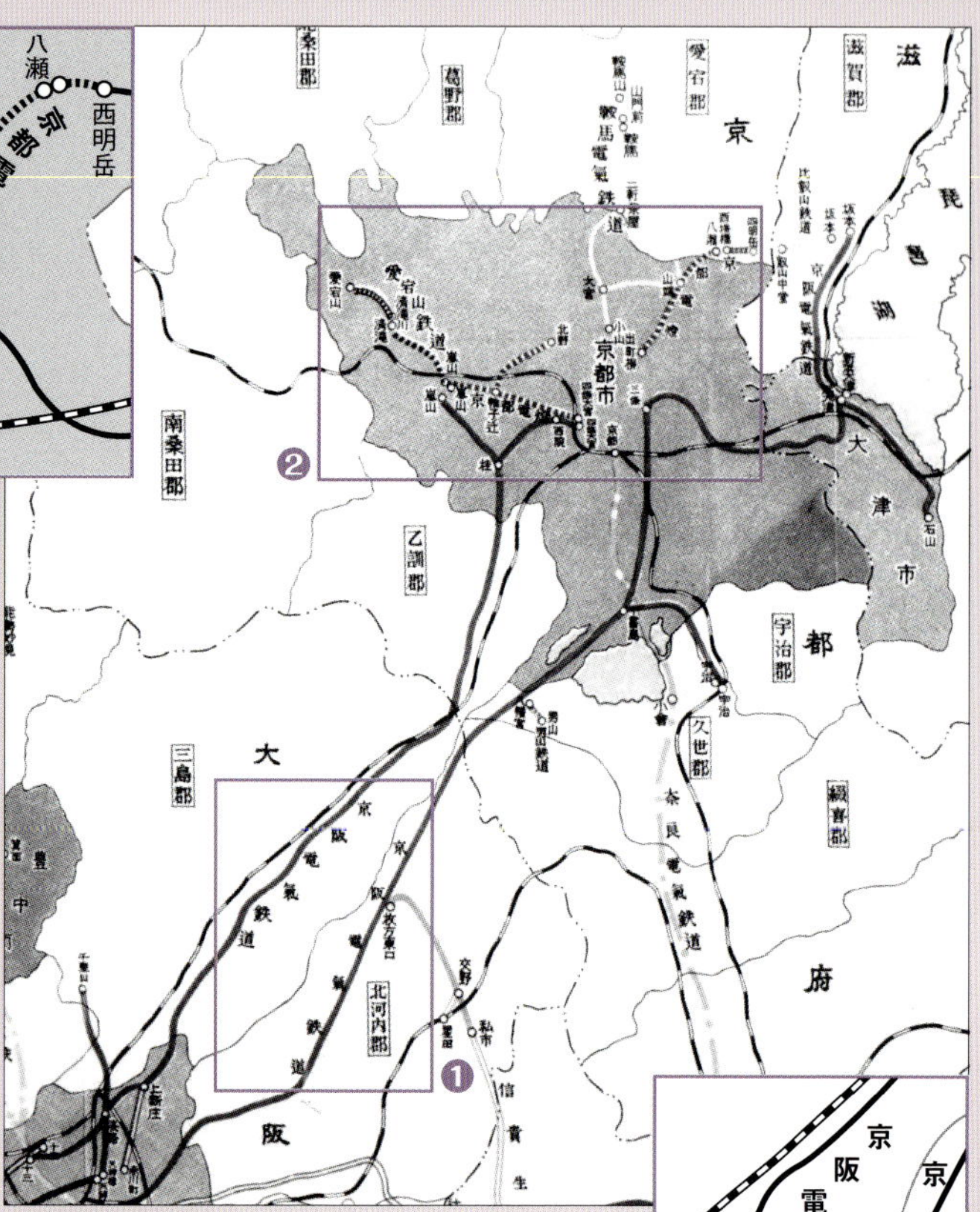

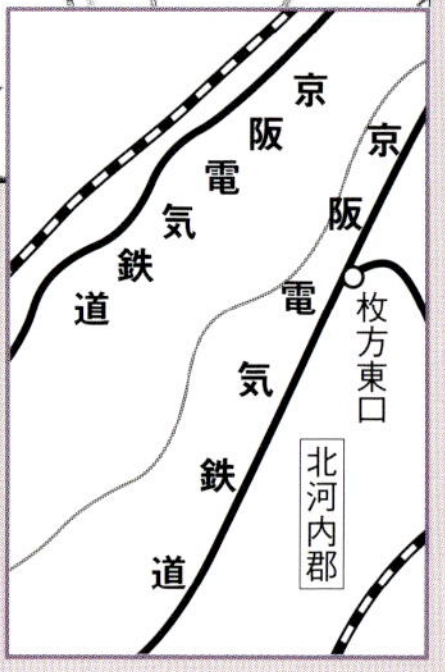

1937年の京阪神地方電気鉄道一覧図

▶比叡山山頂には京都電灯が経営する路線が描かれている。また京阪電鉄が2本並行して走っていることも興味深い。（国会図書館蔵）

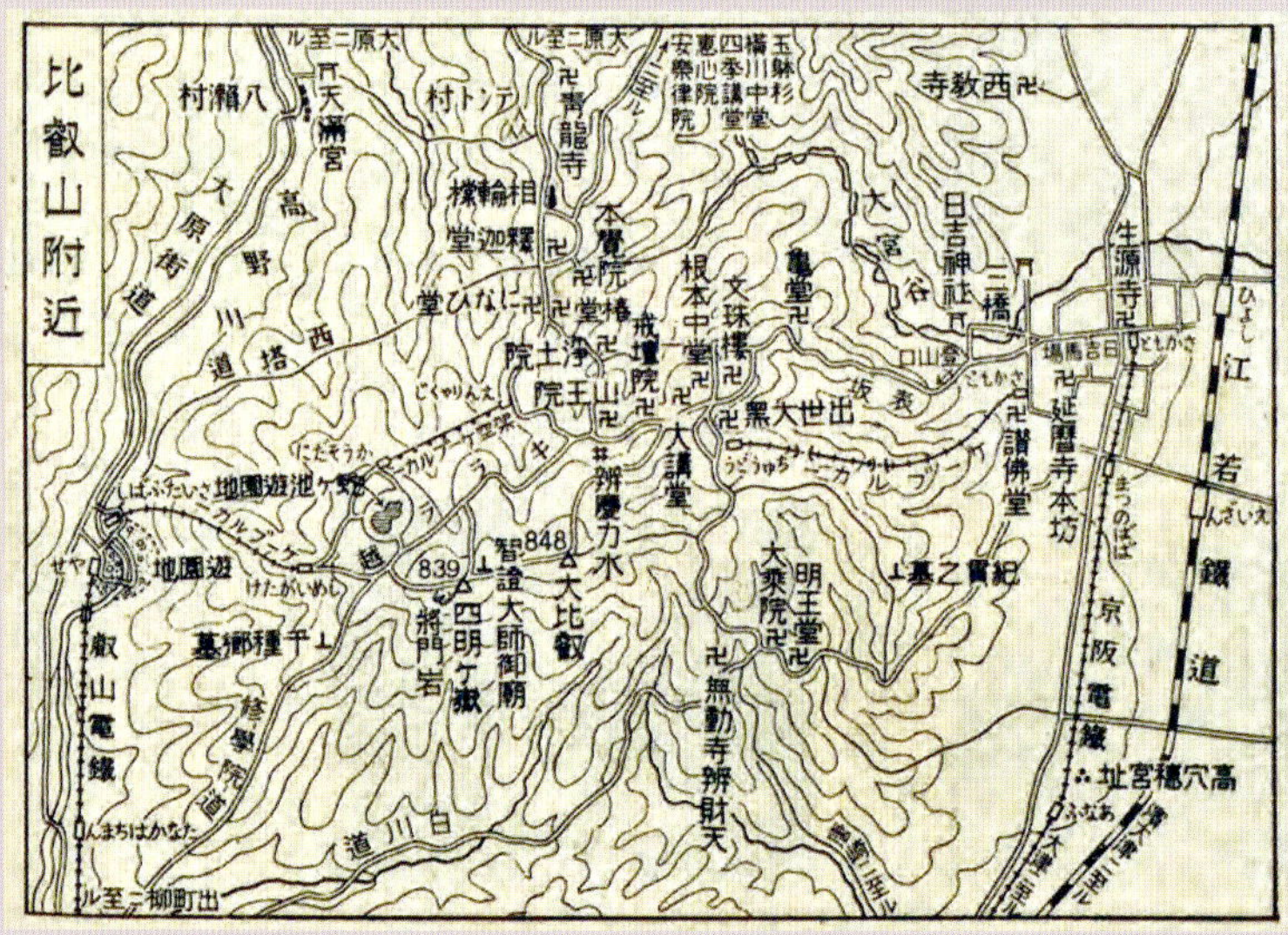

1933年の比叡山山頂の路線図

◀京都と滋賀の両側から鉄道路線が伸びている。当時から延暦寺参拝者などの需要が高く、魅力あるエリアかがわかる。（国会図書館蔵）

摂津電気（1913年11月1日合併）、安威川水力電気（1919年4月1日合併）、和歌山水力電気（1922年7月1日合併）、京津電気軌道（1925年2月1日合併）、日高川水力電気（1926年3月1日合併）、京阪土地（1928年3月1日合併）、琵琶湖鉄道汽船（1929年4月11日合併）、新京阪鉄道（1930年9月15日合併）。

また、京阪神急行電鉄時代に合併した会社は1945年5月1日の交野電気鉄道があるが、正確に記すとこれは事業譲受である。

近年では1989年4月1日に鴨川電気鉄道を合併した。

こうした合併を振り返ると大正期に事業を拡大させたことが読み取れる。

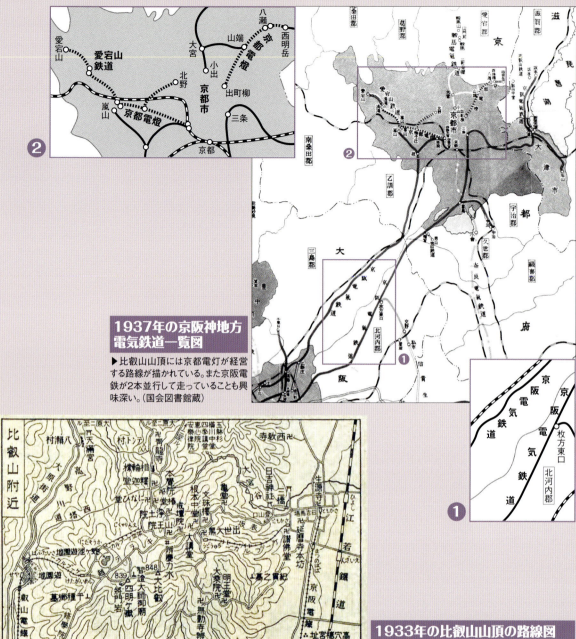

覇権争いで琵琶湖進出へ

琵琶湖周辺への事業拡張は京津電気軌道の合併による結果であり、湖上輸送では1882年創立の初代・太湖汽船と、陸上輸送では大津電車軌道と覇権を争った。

湖上輸送では初代・太湖汽船のライバルであった湖南汽船を子会社化し、ついには対立関係にあった前記の太湖

比叡山自動車道

▲1958年に開業、滋賀県大津市の田ノ谷峠から延暦寺東塔（根本中堂）・比叡山頂を結ぶ約8.1kmの有料道路。

比叡山鉄道

▲世界文化遺産である比叡山延暦寺の表参道として1927年に敷設された。

汽船、大津電車軌道を合併するに至る。湖西地域の貨客輸送を江若鉄道の開業で浸食された初代・太湖汽船は大津電車軌道と合併し、琵琶湖鉄道汽船となるがこれを京阪電気軌道が1929年に合併した。

琵琶湖鉄道汽船が有する軌道部門は京阪電気鉄道がこれを継承し、鉄道部門は八日市鉄道を設立して譲渡している。これの設立は1929年3月29日であるが、1944年3月1日に同社は近江鉄道と合併した。

一方の湖上輸送は1886年12月23日に創立の湖南汽船を京阪傘下へ収め、営業を継続し、1929年3月30日に商号を太湖汽船（2代目）へ改称。

ややこしいが琵琶湖には同名（太湖汽船）を名乗る会社が前後して2社存在したことになる。初代の太湖汽船は大津電車軌道との合併で1927年1月21日に消滅した存在であり、2代目の太湖汽船は1929年3月30日に湖南汽船が商号変更して誕生したもので、これが現在の琵琶湖汽船である。

和歌山進出のもくろみと新京阪鉄道

電力事業への投資を積極的におこなった京阪電気鉄道は1922年7月1日に和歌山水力電気を合併し同社が経営していた電気軌道が京阪の路線になるが、和歌山県内での電気事業は日高川水力電気をも合併し拡大させている。しかし新京阪鉄道を支援する必要に迫られた京阪電気鉄道は資金捻出のため和歌山県内での電気事業を電気軌道ともども、これを三重合同電気（のちの合同電気）へ売却した。

軌道線は合同電気を経て東邦電力に移り、電力国家管理による戦時下体制で日本発送電の設立にともない東邦電力が解散した際に、和歌山電気軌道として分離され、その後は南海電気軌道（南海電鉄）となり廃線されている。

▲古代の時代より交通の要所として栄えてきた。史跡も多く、観光地として近年では自然を生かしたレジャースポットとして多くの人が訪れる。

▲1882年に、藤田組と江州丸会社・三汀社が合同して設立。のちに大津電車軌道（現在の京阪石山坂本線）などと合併する。

▲1886年に、紺屋関汽船と山田汽船が合同して設立した琵琶湖の船舶会社。

ところで京阪と和歌山県との関係は意外と感じる人も少なくないと思うが、実は南海鉄道（現在の南海電鉄）が1924年4月に免許を得た高野山へ至る区間は、京阪電気鉄道が保有していた免許を譲り受けたものであり、このことが示すように京阪と和歌山県とは古くから関係があったのである。

さらに言えば阪和電気鉄道（現在のJR西日本・阪和線）の大株主として京阪電気鉄道が登場するが、京阪ではある時期まで和歌山方面をも、その営業テリトリーとして捉えていたふしが見えてくる。

1922年6月に創立した新京阪鉄道（現在の阪急京都線）は大阪～京都間における本格的な高速鉄道として建設したものであるが、経営上の失策であったといわなくてはならない。

第一に沿線人口が十分ではなく京阪本線とは淀川をはさむとはいえ完全な二重投資であるからだ。

過大投資で開業させた新京阪鉄道だが、さらに加えて昭和初期の経済不況による金融難が親会社である京阪電気鉄道を直撃した不幸がある。

結局のところ新京阪鉄道の自立経営を断念し、1930年9月15日に京阪電気鉄道に合併されている。

石山坂本線

▲かつての大津電車軌道で、太湖汽船と合併する。

新京阪鉄道への支援で失った和歌山県内での電気事業は、その代償として大きかった。

今日に見る阪急京都線の発展は梅田をターミナルにできた結果であり、これは阪急の路線に編入された幸運である。

新京阪鉄道のターミナルである天神橋筋六丁目（天六）ではロケーションが余りにも不便であろう。

結局、新京阪鉄道は遠大かつ理想先行で開業した点に問題があった。

琵琶湖進出へのクロニクル

さて京阪による琵琶湖への進出について、その手始めとして京津電気軌道の合併そして湖南汽船の系列化について記したが、比叡山への進出については意外に遅く戦後になってのことである。

戦前期を見ると比叡山開発の主役は、1925年9月に叡山線を開業した京都電燈であり、洛北比叡方面と京都市中心街とを鉄道で直結しようとした動きは早くからあり1897年頃に遡ることができる。

京都電燈では前記の叡山線を観光利用を併せ持つ登山ルートの一部ととらえており、1925年12月に叡山線と連絡する形で鋼索線（ケーブルカー）を開業。さらに鋼索線につなげるルートとして1928年10月に比叡山頂まで索道（ロープウェイ）を開業させた。

これにより京都市街から叡山電車～ケーブルカー～ロープウェイを利用して比叡山頂へ行くことができるようになった。

また京都電燈は琵琶湖岸に位置する坂本と比叡山を結ぶ目的で、1927年3月に開業した鋼索線の比叡山鉄道を1929年3月に系列会社とした。

この比叡山鉄道の出自は琵琶湖鉄道汽船だが、その設立において大津電車軌道が関与している。

京阪電気鉄道が琵琶湖鉄道汽船を合併した件については既述したが、このときに比叡山鉄道は京都電燈系列入りした。

京福電鉄との不思議な関係

その京都電燈であるが他の電灯電力会社と同様に1939年になると国家総動員法なる戦時下法令に基づく電力国家管理法による日本発送電の設立で、1941年に配電統制令が公布となり発電および配電の双方を日本発送電、

▲京都電燈の鉄軌道事業を継承して設立。現在は嵐山本線、北野線、比叡山に登る鋼索線・叡山ロープウェイを運営する。

▶京福電気鉄道福井支社の鉄道事業。2003年に鉄道施設をえちぜん鉄道に譲渡して撤退した。

関西配電、北陸配電へ強制的に供出させられた結果、電灯電力会社として存続することを断たれた。

残った交通事業部門の取り扱いについて種々検討を重ねた結果、京都電燈を会社解散したうえで別個に新会社を設立して交通事業部門をこれに譲渡することにした。

この時に設立されたのが京福電気鉄道であり、同社は前記の比叡山鉄道をふくめて支配権を持つことになる。

ここでなぜ「京福」なる名称になったのかの説明をする必要があろう。京福の京は京都、福は福井のことだが、京都電燈では1908年9月に滝波川上流に中尾発電所を建設した。そこで発生する余剰電力を活用するべく福井県内で鉄道事業を始めた。

これは現在の、えちぜん鉄道のことだが京都と福井で鉄道事業を有していたので京福というわけである。両都市を結んでいるわけではない。社名として少し誇張した感じを受ける。

1953年、京阪電気鉄道では比叡山開発に着手。有料自動車道路の建設を発表した。

このことは京福電気鉄道による同地域の独占が崩れることを意味する。この動きに対して京福側では戦時中に休

旧琵琶湖ホテル

▲1934年に竣工した近代建築。「湖国の迎賓館」と呼ばれ多くの著名人が宿泊した。現在は大津市が敷地とともに買い取り、文化施設「びわ湖大津館」としてリニューアルオープンした。

叡山電鉄

▶京都電燈が開業。出町柳駅から八瀬比叡山口駅までを結ぶ。

止していたロープウェイを復活させるなどで応戦したが、1960年あたりから大手民鉄による京福の系列化への動きが活発になった。

奈良電気鉄道の系列化で近畿日本鉄道（近鉄）に敗北した京阪電気鉄道にとって、京福電気鉄道へも食指を動かす近鉄、さらに関東の西武鉄道まで参戦し穏やかではない。

京阪、近鉄、西武の3社は、さらに江若鉄道についても系列化への動きを見せている。

ここで近鉄が顔を出すのも唐突に感じるが、琵琶湖方面への進出を狙っていた史実が興味深い。

西武は湖東地域を近江鉄道（西武系）が支配していたので、湖西地域もその支配下に組み入れる意図がみえみえであった。

堤康次郎は滋賀県人なので、その思いが強かったという。

しかし地域独占を企業経営の基本とする民鉄にとり京阪が近鉄や西武の動きを警戒したのも当然である。

こうした三《み》つ巴《どもえ》の状況下で京阪は江若鉄道（現在の江若交通）の系列化に成功するとともに京福へ対する資本増強策をおこなった。

1962年上期における京福電気鉄

旧京阪京津線（三条付近）

▲御陵駅より西にも併用軌道を交えた路線があり、京阪本線と共通の三条駅を起点として三条～浜大津間を結んでいた。

▶御陵駅から滋賀県大津市の浜大津駅までを結ぶ京阪電気鉄道の軌道路線。御陵から先は京都市営地下鉄東西線に乗り入れる。

京阪京津線

道の株主構成と、翌1963年上期のそれとで大きな変化がみられ、京阪電気鉄道が筆頭株主に躍り出ている。

同年における京阪電気鉄道の有価証券報告書によれば京福電気鉄道の37・9パーセントの株式を保有している旨が関係会社有価証券明細表に記されている。

1962年における京福電気鉄道の大株主は、日本生命（24万株）、第一銀行（8万株）、東京海上（6万6000株）であり、翌年の1963年では、京阪電気鉄道（335万株）、日本生命（88万株5000株）、第一銀行（12万株）、村岡四郎（10万株）と変化している。

この数字から見て京阪が意欲的に株式取得に動いたことがわかる。

なお過去のデータを調べると京福電気鉄道は1963年8月に福井県乗合自動車を合併。1964年6月に増資株（第3者割当1：0・6。公募約6万株）の効力発生が見られ、この時期に増資したことが見て取れる。

琵琶湖進出へのカギを握った京津線

京福電気鉄道を傘下へ収めた京阪電気鉄道だが、この両社はかつて京津電

浜大津駅

◀琵琶湖観光の起点となる、京津線の大津側のターミナル。

坂本駅

▶比叡山延暦寺や日吉大社の門前町として古くから栄えた坂本にある駅。

気軌道の合併をめぐり対立があった。正確を期すと京福の前身企業である京都電燈との対立である。

京津電気軌道は1912年8月に、三条大橋～札の辻間を開業した軌道で、その設立発起人は浅野総一郎、奥繁三郎、今西林三郎らが中心人物である。

浅野について今さら説明するまでもなく浅野財閥の総帥であり京浜工業地帯の産みの親である。奥は衆議院議長を務め、京都電気鉄道、京都瓦斯《ガス》に関係が深い。今西は三菱系の人だが、山陽鉄道、阪神電気鉄道、朝日紡績に関係がある。

五条から三条へ延伸した京阪だが、この延伸は1915年10月27日に開業し京津との連絡を図った。

この三条への延伸は明らかに京津との合併を意図したものである。

これについては京津サイドでも異論はなく、1922年には京阪の経営者である太田光熙《みつひろ》と京津の奥繁三郎との間で合併について大筋で合意した。

ところがこの合意案に横槍を入れてきたのが京都電燈である。同社は1888年に創立した配電事業者であるが、鉄道事業などを兼営し、すでに嵐山電車軌道を合併していた。

また叡山線の開業も控えていた。電燈会社とはいえ、ホテル事業、観光レジャー事業もおこなうなど現在における民鉄経営に近いものがある。

比叡山一帯での独占的経営を進め、さらにその食指を琵琶湖へ伸ばしていた。

京都電燈は京津電気軌道を京阪ではなく自社へ合併させようと動き、好条件を示したのである。これは明らかに京阪封じであった。

京都の三条と琵琶湖を結ぶ京津の路線が、このエリアの鍵を握っていることがわかる。

結局のところ京津をめぐる合併は京阪と京都電燈が妥協案で解決するところとなり、京津電気軌道が有する軌道事業を京阪が、配電事業を京都電燈が引き継ぐ形で決着した。

京津は配電部門を持っていたので、これを合併によって手中に収める狙いが京都電燈にあったからである。

京都電燈の三条進出を阻止した京阪だが、配電部門を譲るという代償は大きかったと思われる。

その京都電燈を始祖とする後の京福電気鉄道を傘下へ収めたのも深い因果と思えてならない。

京阪電鉄のあゆみ

1906(明治39)	11.19	京阪電気鉄道創立
1910(明治43)	10.15	天満橋～五条間が開通
1912(大正元)	10.6	「菊人形」を枚方で開催(ひらかたパークの起源)
1913(大正2)	6.1	宇治線が開通
1914(大正3)	5.15	京阪間で急行電車の運転開始
1915(大正4)	4.1	日本で初めて「色灯三位式自動閉そく信号機」の使用を開始
	10.27	五条～三条間が開通
1925(大正14)	2.1	京津電気軌道を合併
1927(昭和2)	8.31	1550型全鋼製ロマンスカー12両を新造
1929(昭和4)	4.11	琵琶湖鉄道汽船を合併
1930(昭和5)	9.15	新京阪鉄道を合併
1931(昭和6)	3.31	西院～京阪京都(現・大宮)間が開通
1933(昭和8)	2月	日本初の回生ブレーキ車両50型4両を新造
1934(昭和9)	4.2	特急「びわこ号」が天満橋～浜大津間で直通運転開始
1943(昭和18)	10.1	阪神急行電鉄と合併、京阪神急行電鉄と改称
1945(昭和20)	5.1	交野電気鉄道の事業を譲り受ける(現・交野線)
	12.21	奈良電気鉄道(現・近畿日本鉄道)との相互乗り入れ運転を開始
1949(昭和24)	12.1	京阪神急行電鉄から分離、京阪電気鉄道が新発足
1950(昭和25)	9.1	天満橋～三条間で特急の運転開始
1954(昭和29)	9.3	テレビ付き特急列車が運転開始
1955(昭和30)	12.3	男山鋼索線(男山～八幡宮)が営業開始
1957(昭和32)	3.9	日本最初の空気バネ台車取りつけ車両の使用開始
1963(昭和38)	4.15	京阪本線を淀屋橋まで地下鉄で延長
1964(昭和39)	7.7	淀屋橋駅で日本初の駅冷房開始
1967(昭和42)	8.1	淀屋橋～大和田間にATS(自動列車停止装置)の設置完了、特急で使用開始
1968(昭和43)	12.20	近畿日本鉄道との相互乗り入れ運転を廃止
1970(昭和45)	12.26	5扉車両の5000系7両の使用開始
1985(昭和60)	10.12	京阪百貨店が開業
1989(平成元)	4.1	鴨川電気鉄道を合併
	10.5	鴨東線(三条～出町柳)が開業
1996(平成8)	10.12	京都市営地下鉄東西線御陵～京都市役所前間への乗り入れ開始
1997(平成9)	9.30	石山坂本線の複線化が完了、鉄軌道全線の複線化を達成
1998(平成10)	4.29	全特急列車にダブルデッカー車を増結
2004(平成16)	3.15	鉄道会社初の「ISO14001」認証を全社で取得
	8.1	京阪線にICカード「PiTaPa」を導入
2005(平成17)	12.4	「ひらかた大菊人形」の歴史に幕
2008(平成20)	10.19	中之島線天満橋～中之島間が開業
2009(平成21)	10.1	中之島線4駅と3000系車両が「2009年度グッドデザイン賞」を受賞
2011(平成23)	6.1	京阪線でICOCAおよびICOCA定期券の発売を開始
2012(平成24)	4.14	13000系車両1編成4両の営業運転開始
2013(平成25)	3.15	グループの京福電鉄嵐山駅を、地域の拠点とする整備工事が完成
2016(平成28)	4.1	京阪電気鉄道・京阪電鉄不動産・京阪百貨店・ホテル京阪などの各社を直轄する持株会社、京阪ホールディングスに移行。

会社沿革図

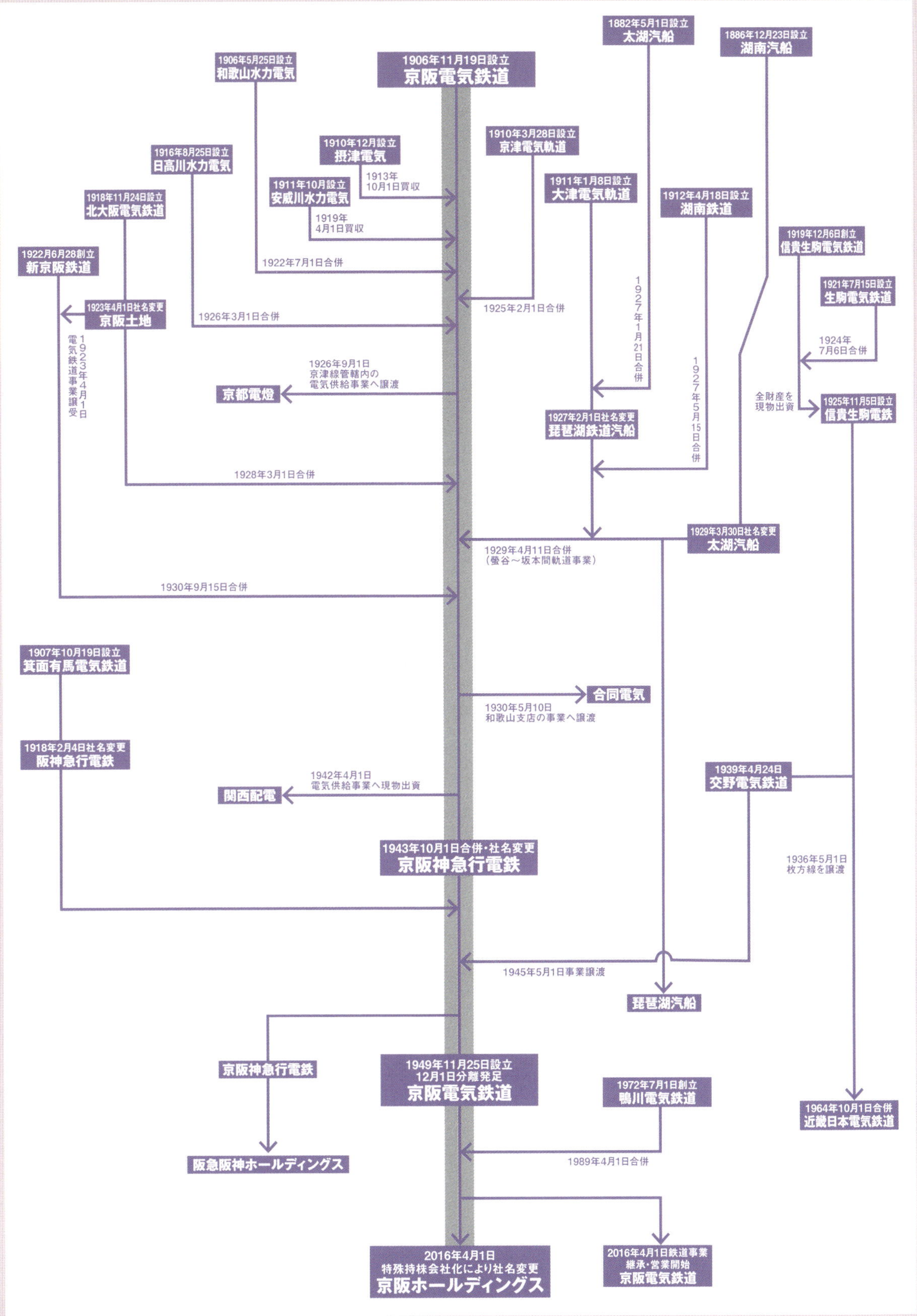
1906年11月19日設立
京阪電気鉄道
1906年5月25日設立
和歌山水力電気
1910年12月設立
摂津電気
1913年
10月1日買収
1911年10月設立
安威川水力電気
1919年
4月1日買収
1922年7月1日合併
1916年8月25日設立
日高川水力電気
1926年3月1日合併
1918年11月24日設立
北大阪電気鉄道
1923年4月1日社名変更
京阪土地
1922月6月28創立
新京阪鉄道
1923年4月1日電気鉄道事業譲受
1926年9月1日
京津線管轄内の
電気供給事業へ譲渡
京都電燈
1928年3月1日合併
1930年9月15日合併
1910年3月28日設立
京津電気軌道
1925年2月1日合併
1882年5月1日設立
太湖汽船
1886年12月23日設立
湖南汽船
1911年1月8日設立
大津電気軌道
1927年1月21日合併
1912年4月18日設立
湖南鉄道
1927年5月15日合併
1927年2月1日社名変更
琵琶湖鉄道汽船
1929年4月11日合併
（螢谷～坂本間軌道事業）
1929年3月30日社名変更
太湖汽船
1919年12月6日創立
信貴生駒電気鉄道
1921年7月15日設立
生駒電気鉄道
1924年
7月6日合併
全財産を
現物出資
1925年11月5日設立
信貴生駒電鉄
合同電気
1930年5月10日
和歌山支店の事業へ譲渡
1907年10月19日設立
箕面有馬電気鉄道
1918年2月4日社名変更
阪神急行電鉄
1942年4月1日
電気供給事業へ現物出資
関西配電
1939年4月24日
交野電気鉄道
1936年5月1日
枚方線を譲渡
1943年10月1日合併・社名変更
京阪神急行電鉄
1945年5月1日事業譲渡
琵琶湖汽船
京阪神急行電鉄
阪急阪神ホールディングス
1949年11月25日設立
12月1日分離発足
京阪電気鉄道
1972年7月1日創立
鴨川電気鉄道
1989年4月1日合併
1964年10月1日合併
近畿日本電気鉄道
2016年4月1日
特殊持株会社化により社名変更
京阪ホールディングス
2016年4月1日鉄道事業
継承・営業開始
京阪電気鉄道

広岡友紀（ひろおか　ゆき）

鉄道・航空評論家。全国の鉄道関係の著書多数。財界・ホテル問題などにも詳しい。主な著書に『THE 京王電鉄』『THE 京急電鉄』『THE 小田急電鉄』『THE 東急電鉄』『THE 西武鉄道』『THE 東武鉄道』『THE 相模鉄道』『THE 京成電鉄』『THE 阪神電鉄』『リゾート開発と鉄道財閥秘史』（以上、彩流社）、『西武鉄道』『京王電鉄』『小田急電鉄』『西武鉄道』ほか日本の私鉄シリーズ（以上、毎日新聞社）、『大手私鉄比較探見　東日本編―首都圏10社の車両・ダイヤ・ターミナル…』同西日本編、『西武鉄道まるごと探見』『相模鉄道　相鉄の過去・現在・未来』（以上、JTBパブリッシング）、『「西武」堤一族支配の崩壊』（さくら舎）ほか。

THE《ザ》 京阪電鉄《けいはんでんてつ》

発行日……………2016年11月30日　第1刷　※定価はカバーに表示してあります
著者………………広岡友紀
発行者……………竹内淳夫
発行所……………株式会社彩流社
〒102-0071　東京都千代田区富士見2-2-2
TEL.03-3234-5931 FAX.03-3234-5932
http://www.sairyusha.co.jp/

編集協力…………株式会社天夢人 Temjin
写真協力…………加藤有子、西森 聡、河野孝司、スタジオ夢銀河（野沢敬次）、北村 光
福田静二、びわこビジターズビューロ
地図………………ジェイ・マップ
デザイン・DTP……チックス.
印刷………………モリモト印刷株式会社
製本………………株式会社難波製本

Printed in Japan　ISBN978-4-7791-2374-0 C0026